"十四五"普通高等教育规划教材

高等院校艺术与设计类专业"互联网+"创新规划教材

# 文化创意产品设计
# （第2版）

主 编 姚 湘 江 奥

副主编 胡鸿雁 高 慧 唐颖欣

　　　　刘玉磊 周 君

北京大学出版社

PEKING UNIVERSITY PRESS

## 内 容 简 介

本书主要介绍了文化创意产品设计的整个流程，在解析基本含义之后，先从文化挖掘着手，依次介绍了文化形态、文化分类、文化研究对象，再系统介绍文化创意产品的设计流程和方法；同时，针对文化创意产品发展的新趋势，分别介绍了传统手工艺、智能交互和数字文化创意产品的趋势、方法和经典案例。本书对应的精品课程在中国大学MOOC、智慧树、学习强国、国家高等教育智慧教育平台均已上线，各章节配套丰富的多媒体案例和多媒体教学课件，便于读者对文化创意产品设计产生深刻认识，系统提高整体设计思维、设计解析与定位、设计综合实践能力。

本书可作为高等院校工业设计、产品设计、文化创意等专业的教材，也可作为从事相关行业的设计与管理人员的指导和参考用书，还能为其他产品设计方向及相关管理人员提供有益的借鉴。

### 图书在版编目（CIP）数据

文化创意产品设计 / 姚湘，江奥主编. —2版. —北京：北京大学出版社，2024.6
高等院校艺术与设计类专业"互联网+"创新规划教材
ISBN 978-7-301-35029-4

Ⅰ. ①文⋯ Ⅱ. ①姚⋯ ②江⋯ Ⅲ. ①文化产品—产品设计—高等学校—教材 Ⅳ. ①G114

中国国家版本馆CIP数据核字（2024）第095194号

| | |
|---|---|
| 书　　　名 | 文化创意产品设计（第2版）<br>WENHUA CHUANGYI CHANPIN SHEJI（DI-ER BAN） |
| 著作责任者 | 姚　湘　江　奥　主编 |
| 策划编辑 | 孙　明　蔡华兵 |
| 责任编辑 | 蔡华兵 |
| 数字编辑 | 金常伟 |
| 标准书号 | ISBN 978-7-301-35029-4 |
| 出版发行 | 北京大学出版社 |
| 地　　址 | 北京市海淀区成府路205号　100871 |
| 网　　址 | http://www.pup.cn　新浪微博：@北京大学出版社 |
| 电子邮箱 | 编辑部 pup6@pup.cn　总编室 zpup@pup.cn |
| 电　　话 | 邮购部 010-62752015　发行部 010-62750672　编辑部 010-62750667 |
| 印刷者 | 北京宏伟双华印刷有限公司 |
| 经销者 | 新华书店 |
| | 889毫米×1194毫米　16开本　8.5印张　188千字<br>2020年1月第1版<br>2024年6月第2版　2024年6月第1次印刷 |
| 定　　价 | 49.00元 |

未经许可，不得以任何方式复制或抄袭本书之部分或全部内容。
**版权所有，侵权必究**
举报电话：010-62752024　电子邮箱：fd@pup.cn
图书如有印装质量问题，请与出版部联系，电话：010-62756370

# 第2版前言

中华优秀传统文化历史悠久，底蕴深厚，其展现出的独特魅力，让世界为之赞叹，让国人为之骄傲。文化的重要作用不言而喻，她不仅是一个国家和民族的底蕴，而且是一个国家和民族的精神支柱、经济支柱。在促进"新丝路"沿线经济带发展的大环境下，文化创意产业恰恰是推动经济发展的一项重要举措。党的二十大报告指出，全面建设社会主义现代化国家，必须坚持中国特色社会主义文化发展道路，增强文化自信，围绕举旗帜、聚民心、育新人、兴文化、展形象建设社会主义文化强国，发展面向现代化、面向世界、面向未来的，民族的科学的大众的社会主义文化，激发全民族文化创新创造活力，增强实现中华民族伟大复兴的精神力量。

"文化创意"看似一个简单的词汇，却包含众多因素，简洁而不简单。在推动文化创意产业成为国家经济发展战略之际，文化产品研究更应注重创意、创新，尤其在面对欧美文化的冲击时，我们更应反思，中国作为世界文化大国，应大力发展并利用自身文化，结合科学、技术、艺术、社会、经济等学科知识要素，形成具有鲜明的中国特色的文化创意产业，将中国优秀的文化推向世界，以达到推动中国文化创意产品升级、促进国家经济发展的目的。

本书在第1版的基础上修订而成，内容结合现代社会和科技发展趋势、未来设计教学、科研和产业发展方向，对文化创意产品设计的概念、设计与研究方法进行了优化调整，新增了一些符合现代和未来设计实践的方法，重新遴选并补充了适应当代与未来文化创意产品设计的优秀案例。

本书是编者结合多年的教学科研和创新、创业实践成果及国内外文化创意产品设计发展趋势编写而成的，针对中国文化创意的发展之路，根据"中国传统文化—各地优秀文化—设计方法与呈现方式—设计案例解析"的主线层层展开，深入浅出。全书内容图文并茂，通俗易懂，适用于高等院校工业设计、产品设计和文化创意等专业产品开发设计类的核心课程。

本书由姚湘、江奥主编。本书的首版和再版都得到了湖南大学何人可教授和武汉理工大学陈汗青教授的精心指导和大力支持，感谢他们！同时，还要感谢南华大学胡鸿雁和湘潭大学高慧老师、湖南工程学院唐颖欣老师、四川师范大学刘玉磊老师、南华大学周君老师所做的修订工作！感谢马艳阳、曹小琴、吴寒、曾力、许晓燕、曾曦、张顺峰、吴艳丽等老师，他们提出了很多宝贵意见！另外，湘潭大学研究生王美琪、陈淇琪、王曦、龙茜、刘嘉昕、周家慷、姚文豪、许沽鹏参与了本书编辑整理工作，在此对上述同学表示衷心的感谢！

限于编者学识，书中欠妥之处在所难免，敬请学界同人和广大读者批评指正。此外，因书中所引用的部分图片无法注明详处，谨向这些图片的作者致以最衷心的感谢和歉意！

编　者<br>
2023年10月

【中国大学MOOC："文化创意产品设计"精品课程】

【智慧树："文化创意产品设计"精品课程】

【学习强国："文化创意产品设计"精品课程】

# 目录

## 第1章 基本含义 /001
1.1 文化创意产品的基本概念 /002
1.2 文化创意产品的基本特征 /003
1.3 文化创意产品设计的意义 /004
1.4 文化创意产品设计的趋势 /005
1.5 文化创意产品的呈现方式 /007
  1.5.1 文化的精神内核 /007
  1.5.2 文化的行为过程 /007
  1.5.3 文化的外在形象 /007

## 第2章 文化挖掘 /011
2.1 文化形态 /012
  2.1.1 器物文化 /012
  2.1.2 行为文化 /014
  2.1.3 观念文化 /016
2.2 文化分类 /017
  2.2.1 非物质文化 /017
  2.2.2 物质文化 /019
2.3 文化研究对象 /022
  2.3.1 地域文化 /022
  2.3.2 饮食文化 /027
  2.3.3 建筑文化 /027
  2.3.4 民俗文化 /028
  2.3.5 制度文化 /028

## 第3章 设计流程与方法 /031
3.1 文化探索 /032
  3.1.1 文化背景调研的方法 /032
  3.1.2 设计洞察 /034
  3.1.3 设计点切入的方法 /038
  3.1.4 设计定位及方法 /043
3.2 方案设计 /047
  3.2.1 设计元素构成基本法则 /047
  3.2.2 传统文化元素特征提取方法 /048
  3.2.3 常见的创意设计方法 /049
  3.2.4 文化应用载体 /052
  3.2.5 文化创意产品设计草图表现与效果图呈现 /055
3.3 设计交付 /058
  3.3.1 原型制作 /058
  3.3.2 产品测试与评价 /060
  3.3.3 市场营销与反馈 /060

**第 4 章　传统手工艺文化创意产品设计 /063**
4.1　传统手工艺现状 /064
　　4.1.1　国内外传统手工艺产业的现状 /064
　　4.1.2　中国传统手工艺存在的问题 /066
4.2　传统手工艺的现代化改造 /067
　　4.2.1　产品材料的替代与更新 /067
　　4.2.2　产品制造工艺的改进 /067
　　4.2.3　产品的设计创新与生产性保护 /070
4.3　传统手工艺文化创意产品设计——台州刺绣 /072
　　4.3.1　台州刺绣背景调研 /072
　　4.3.2　台州刺绣在服饰中的应用与创新 /073
4.4　传统手工艺文化创意产品设计——竹编 /077
　　4.4.1　竹编背景调研 /077
　　4.4.2　竹编的发展 /077
　　4.4.3　竹编制作步骤 /078
　　4.4.4　兰溪竹编文化创意产品素材挖掘与提炼 /079
　　4.4.5　杭州竹编手工艺开发模式 /080
　　4.4.6　特色地域环境在竹编制品中的表现 /082
　　4.4.7　将竹编创新技艺应用于现代的实例 /083

**第 5 章　智能交互文化创意产品设计 /087**
5.1　智能交互文化创意产品的特征与趋势 /088
　　5.1.1　智能交互文化创意产品的主要特征 /088
　　5.1.2　智能交互文化创意产品的设计趋势 /088
5.2　智能交互文化创意产品设计流程与方法 /089
5.3　智能交互文化创意产品案例解析 /090
　　5.3.1　茶密 T-Master 大师壶 /090
　　5.3.2　咪咕讯飞智能笔记本 /093

**第 6 章　数字文化创意产品设计 /097**
6.1　数字文化创意产品的特征与趋势 /098
　　6.1.1　数字文化创意产品的定义 /098
　　6.1.2　数字文化创意产品的特征 /098
　　6.1.3　数字文化创意产品的类型 /100
6.2　数字文化创意产品设计流程与方法 /106
6.3　数字文化创意产品设计案例 /107
　　6.3.1　《遇见飞天》敦煌壁画数字邮票设计 /107
　　6.3.2　"探秘河博"博物馆数字文化创意设计 /114

**参考文献 /125**

# 第 1 章
# 基本含义

本章要求

掌握文化创意产品的基本概念、基本特征和设计意义,了解文化创意产品设计的趋势和呈现方式。通过基础知识学习,明确中国传统文化在当前应该如何继承和发展,并将其融入文化创意产品设计。

本章目标

培养对中国文化及文化创意产业的学习能力,了解中国文化的特点,为文化创意设计和实践打下良好的基础,从而为中国文化创意产业的发展出谋划策、贡献力量。

内容框架

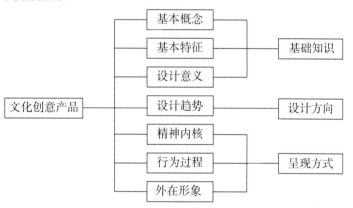

本章介绍了文化创意产品的基础知识、设计方向和呈现方式。中国传统文化为文化创意产业的独特发展提供了基础,也推动了中国经济的发展。为了促进中国文化创意产业的国际化进程,加速本土特色的文化创意产业发展至关重要。作为设计师,我们应该深入了解中国传统文化和文化创意产品的设计要求,为传播中国文化发挥更重要的作用。

## 1.1 文化创意产品的基本概念

文化创意产品是将具有文化内涵的物质或非物质再创造、再设计,最终形成的具有现代意义的产品,其自身便是具有高附加值的商品。文化创意产品一般以文化创意理念为核心,是将精神层面的概念具象物质化而成的产品,渗透于设计和生产过程中,也被称为文化创意衍生品或艺术衍生品。

如图 1-1、图 1-2 所示的香薰加湿器以"宋潮美学"为特点,以传统文化为主题,设计灵感源自北宋王希孟的《千里江山图》。图中江河烟波和群山层峦起伏的景象被提取出来,香薰加湿器在使用时,烟雾从山峦中冉冉升起,像清晨山间的薄雾,湿润而清新。这款设计融合了美学、文化和实用性,可为用户带来如同欣赏宋画般的美妙体验。

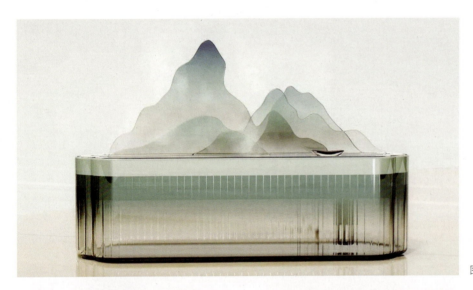

【河南省乡村振兴公共文化服务平台】

图 1-1 香薰加湿器设计 1

【《千里江山图》3D 版】

图 1-2 香薰加湿器设计 2

## 1.2 文化创意产品的基本特征

文化创意产品蕴含特定的文化内涵和象征意义，设计师通过分析和解读文化概念，借助现代技术创造出具备实用功能的独特产品。在这种物化文化的过程中，传统文化可以获得新的价值和意义，成为一种文化符号。文化创意产品就是基于这些文化符号而衍生出来的实物产品，既是消费者消费的对象，又在引导消费者为了文化而消费。这些产品通常不是生活必需品，而是介于日用品和奢侈品之间，甚至有些属于高端奢侈品。消费者进行这种高于日常的文化消费后，会获得精神上的附加价值。

如图1-3、图1-4所示的茶具以关山月美术馆的建筑外观为设计灵感，将其立体形态平面化并提取了三角形、圆形和正方形等元素，形成了独特的山月图案，既呼应了美术馆名字，又展现了馆内的三视角。这套茶具不仅具备实用功能，而且兼具杯垫、香插、茶点盘等用途。

图1-3　茶具设计1

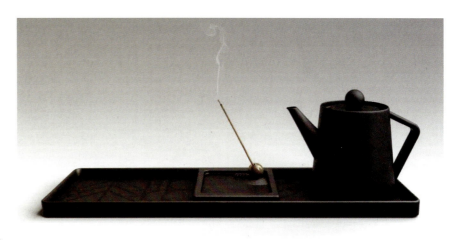

图1-4　茶具设计2

## 1.3 文化创意产品设计的意义

文化创意产品的核心理念来自艺术家、设计师或手工艺人的领悟。这些产品融入了非物质形态的创意，具有文化内涵、象征意义和美育功能等精神价值。

以动漫创意产品为例，迪士尼和中国经典动漫作品都是成功的例子（图1-5、图1-6），它们传递了不同文化的精髓，深受观众喜爱。通过创造独特的人物形象、故事情节和画面风格，它们成功地展现了各自文化的内涵。这些作品不仅是商业活动，而且是一种文化输出和传播的方式。随着中国经济和文化的发展，中国动漫产业也在不断壮大，成为中国文化产业中不可忽视的一部分。

图1-5  迪士尼动漫形象

图1-6  《西游记》动漫形象

## 1.4 文化创意产品设计的趋势

文化创意产品是文化创意产业的一部分。文化创意产业不仅包括传统意义上的文化产业，而且涵盖"文化＋创意＋科技"3个元素。因此，文化创意产品通常不仅需要融合文化和创意，而且需要体现新的技术。

如图 1-7、图 1-8 所示，商汤科技推出了限量 3600 份的数字文化创意产品"溪山行旅

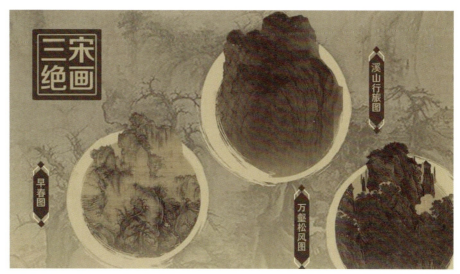

图 1-7　"溪山行旅图·宋画三绝"数字文化创意产品 1

图 1-8　"溪山行旅图·宋画三绝"数字文化创意产品 2

图·宋画三绝"。该作品通过 AI（Artificial Intelligence，人工智能）+AR（Augmented Reality，增强现实）技术创造了一个活灵活现的宋代溪山"元宇宙"，让人们身临北宋范宽《溪山行旅图》的画境之中。该作品采用实物底座和黄铜材质的画作背后的 3D 数字内容相结合的形式，用户可以扫描实物，进入虚实之门，感受宋代山水之美。在画境中，用户可以看到溪谷、高山、行旅之人，也能听到流水、骡马和人语之声。这是一款文化创意产品，可让人们更加深入地了解宋代文化的魅力。

图 1-9　文化创意产品——胸章

文化创意产品（图 1-9、图 1-10）与传统工艺品不同，虽然可以有传统工艺品的基础，但需要加入新的创作元素，如新设计、新功能、新材料、新技术等。然而，纯粹的传统工艺品和传统物件并不算文化创意产品，设计师可以从传统工艺品上提取图案纹样，或将传统物件用于创新设计。文化创意产品也不同于一般的日用品，它不仅具有日常使用的功能，而且要承载一定的文化内涵，通过创意设计具有了精神和物质双重层面的功能。

图 1-10　文化创意产品——彩色胶带

【洛可可为南京大报恩寺设计的文化创意产品】

## 1.5 文化创意产品的呈现方式

文化创意产品主要以 3 种方式呈现，分别是精神内核、行为过程和外在形象。

### 1.5.1 文化的精神内核

文化的精神内核是指吸收传统文化的精髓，找到契合点并与现代产品相结合，以创新的方式体现文化意境为主要目的，使传统文化走入现代.人.的生活。

### 1.5.2 文化的行为过程

文化的行为过程是指寻找事物之间在操作方式和使用方法上暗含的相似性，将一个事物的某种属性应用在另一事物上。

如图 1-11、图 1-12 所示的《三国杀》游戏海报，融合了西方游戏特点，以中国三国时

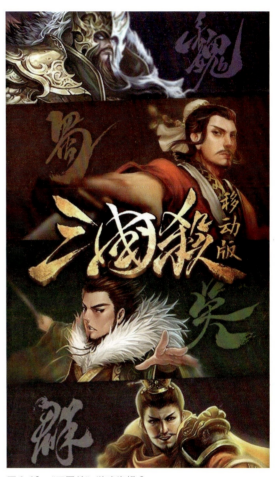

图 1-12 《三国杀》游戏海报 2

图 1-11 《三国杀》游戏海报 1

期为背景，以身份、卡牌为形式，展开谋略和动作，最终争夺胜利。该游戏将娱乐与文化相融合，灵活运用三国历史故事，集历史、文学、美术等元素于一身。因此，这种完美融合让该游戏在国内大受欢迎。

### 1.5.3 文化的外在形象

运用文化的外在形象有两种形式：一是在传统物件上加入现代元素，使其时尚化、现代化；二是对传统物件的形态、传统文化图案

图形元素进行提炼概括和打散重构等重塑化，最后将其进行重组或与现代产品结合。例如，将传统火柴进行创新，可使其具有观赏、收藏、纪念、礼品等功能，如图1-13所示。

如图1-14所示，2008年北京奥运会火炬的创意灵感来自"渊源共生，和谐共融"的祥云图案。祥云的文化概念在中国具有上千年的时间跨度，是具有代表性的中国文化符号。

图1-13　创意火柴设计

图1-14　2008年北京奥运会火炬

而火炬造型的设计灵感来自中国传统的纸卷轴。此外，源于汉代的漆红色在火炬上的运用使之明显区别于往届奥运会火炬的设计，红色、银色对比的色彩可以产生醒目的视觉效果，有利于各种形式的媒体传播。火炬上下比例均匀分割，祥云图案和立体浮雕式的工艺设计更使整个火炬显得高雅华丽、内涵厚重。

## 单元训练

（1）整理并总结文化创意产品的基本概念和特征，以及设计意义和趋势。
（2）总结文化创意产品的呈现方式，根据这些呈现方式找到相应的案例并加以阐释。
（3）描述收集到的文化创意产品的设计概念与特征。
（4）设计一两个文化创意产品，并详细讲述创作理念。

## 课外拓展

（1）学习线上精品课程"文化创意产品设计"的"第一章 文创的初心"，完成线上练习。
（2）赴博物馆、文化馆、艺术馆等处调研参观，了解优秀的文化和传统作品。
（3）在周边乡村进行调研，思考如何将当地的优秀文化融入美丽乡村建设。
（4）思考如何将文化创意应用于航天文化科普教育中。

【第1章课辅资料】

# 第 2 章
# 文化挖掘

### 本章要求
掌握文化形态、文化分类和文化研究对象3个方面内容，深刻理解我国优秀的文化传承和弘扬路径。针对每个方面的内容，思考如何将相关经典案例中的典型文化特征融入文化创意产品设计。

### 本章目标
深入挖掘我国的传统文化，掌握不同时期的文化特征，能够从文化形态、文化分类和文化研究对象3个方面对文化创意产品设计案例进行全面分析，进而产生改进或创新设计想法。

### 内容框架

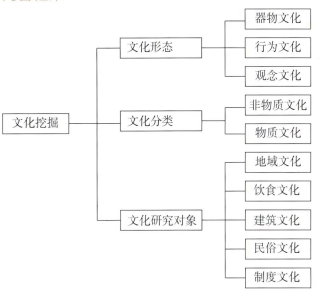

通过对我国传统文化的深入挖掘和理解，掌握不同时期的文化特征，并将这些典型的文化特征应用于文化创意产品设计中。通过本章的学习，可以增进对中国传统文化的了解和认知，也可以为文化创意产品设计提供有价值的灵感和指导。

## 2.1 文化形态

### 2.1.1 器物文化

器物文化是指将文化寄托于器物中,并通过器物来展示的物质层面的文化。它包括人们在生产实践中所创造的各种用具,如衣履、家具、餐具和车船等。这些器物的外形和制作工艺包含丰富的文化理念和民俗信息。中国的器物文化包括青铜、玉器、陶瓷等,博大精深。器物不仅是人类文明的主要组成部分之一,而且是承载文化的载体。作为中华文明的重要组成部分,中国的器物文化对世界文明发展产生了重要影响。

【青铜器鉴赏】

图 2-1 马踏飞燕

1. 青铜文化

青铜器的出现是人类文明发展史上的一个重要里程碑,其历史可追溯到中国夏、商、周和春秋时期,持续了约 15 个世纪。青铜制品表面呈青灰色,质地坚硬,其外观让人感到大气磅礴之余,也体现出精美细致之处。在商朝晚期和周朝早期,青铜文化达到了巅峰,形成了一股无与伦比的文化热潮,至今仍震撼人心。中国的青铜器是古代文明的标志,其中的代表作如图 2-1~图 2-3 所示。

图 2-2 后母戊大方鼎

2. 玉器文化

玉器文化是人类文明发展到一定程度的重要标志之一。在中国传统文化中,玉器文化是一种特殊的物质与精神相融合的文化,包含丰富的艺术、审美、礼制、道德、人格精神和理想追求等内涵。我国史前的玉器文化是中华文明的真正起源之一,至少有 8000 年的历史。在石器时代和青铜器时代之间,我国

图 2-3 青铜面具

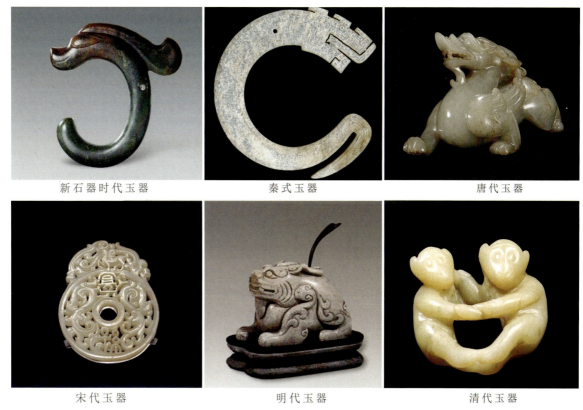

图 2-4　我国不同时期的一些玉器

【玉雕与玉器鉴赏】

【玉器人生】

【瓷器制作】

曾经历过一个辉煌的玉器时代。作为物质文化的史前玉器，折射出原始社会人类的社会制度文化和精神文化。如图 2-4 所示为我国不同时期的一些玉器。

3. 陶瓷文化

瓷器是中国古代人民的伟大发明之一，也是人类文明史上的重要里程碑。瓷器自问世以来，一直占据着陶瓷文化的核心地位，并以其独特的民族文化特色代表了中国悠久的文明。陶瓷器物作为一种传承不断、延续发展的器物类型，能够折射和体现中华优秀传统文化的传承与变迁。不同的陶瓷器物类型能够反映出中国文化的不同历史阶段和特点，如唐三彩、单色釉瓷器、青花瓷和明清彩瓷等。同时，陶瓷的命名方式和装饰纹饰也反映了中华优秀传统文化的特色，如蒜头瓶、龙纹、凤纹、牡丹、菊花纹等。这些都是中华优秀传统文化的重要组成部分，反映了中国陶瓷文化的丰富多彩和博大精深，如图 2-5～图 2-8 所示。

图 2-5　蒜头瓶

图 2-8　钧窑玫瑰紫釉花盆

图 2-6　锥把瓶

图 2-7　僧帽壶

## 2.1.2　行为文化

行为文化属于制度层面的文化,是人们在生活和工作中积累的有价值的经验和创造性活动,能够促进文明、文化和人类社会的发展。它通过人们的行为表现出来,是文化层次理论结构的要素之一。行为文化反映在人与人之间的社会关系及人们的生活方式上,通常以礼俗、民俗、风俗等形式表现出来,这些形式代表了约定俗成的行为模式。例如,图 2-9 所示的戏曲表演就是一种行为文化。

尽管人类的行为受思想、观念、精神因素支配,但其仍是一种群体和社会的共同行为。可见,文化的精神因素必定会反映、萌生和形成制度、规则、法律等制度因素。一旦这些制度因素产生并形成后,就会使人的精神因素通过制度因素转化为物质成果,即人类行为或人类活动的收获。因此,行为文化作为文化整体的一个组成部分,不仅是精神文化的产物,而且是物质文化的工具。如图 2-10 ～图 2-13 所示的行为均属于行为文化范畴。

第 2 章　文化挖掘　　/　015

图 2-9　戏曲表演

图 2-10　春节舞龙

图 2-11　客家擂茶

图 2-12　弘扬党建文化

图 2-13　古典婚礼

## 2.1.3 观念文化

观念文化是指一个民族的传统价值观、思维方式和话语方式等。它是人的精神食粮,孕育着人们的精神家园,决定并体现着人的精神状态、精神生活和精神本质。同时,观念文化也是社会的旗帜和规范,发挥着价值导向、精神源泉和民族凝聚的功能作用,同时具有赋予民族国家国魂、集体单位群魂、个体思想灵魂的社会属性。

我国一直弘扬的红色文化便属于观念文化范畴,河池市红色文化就是一个典型例子,如图2-14所示。河池市红色文化传承了大革命时期为民请命、不怕牺牲的精神,追求真理、持续斗争的精神;土地革命战争时期百折不挠、视死如归的精神,一心为党、顾全大局的精神。

图2-14　红色文化雕塑

## 2.2 文化分类

### 2.2.1 非物质文化

非物质文化是指各民族人民世代相承的、与群众生活密切相关的各种传统文化表现形式和文化空间。它是人类在社会历史实践过程中创造的精神文化的一部分，包括与自然环境相配合和适应而产生的学科，如自然科学、宗教、艺术、哲学等；与社会环境相配合和适应而产生的人文，如语言、文字、风俗、道德、法律等；以及与物质文化相配合和适应而产生的方法，如器具、器械、仪器的使用方法等。

非物质文化遗产包括民间长期口耳相传的诗歌、神话、史诗、故事、传说、谣谚，传统的音乐、舞蹈、戏剧、曲艺、杂技、木偶、皮影等民间表演艺术，民众世代传承的人生礼仪、岁时活动、节日庆典、民间体育和竞技，有关生产、生活的其他习俗，有关自然界和宇宙的民间传统知识和实践，传统的手工艺技能，以及与上述文化表现形式相关的文化场所等。非物质文化遗产具有艺术价值和历史价值，代表了一个民族或地区的文化传承和创新。如图 2-15～图 2-18

图 2-16　女娲补天传说雕塑

图 2-17　京剧表演

图 2-15　泼水节

图 2-18　黄杨木雕

所示的泼水节、女娲补天传说雕塑、京剧表演和黄杨木雕都属于我国的非物质文化遗产。

## 1. 土家族摆手舞

我国少数民族众多，每个民族都有独特的习俗和服饰。作为恩施土家族的代表性文化活动，摆手舞（图 2-19）是土家文化历史的生动体现，展现了土家民族在生产劳作和迁徙等活动中的特色。作为土家族传统体育文化的组成部分，摆手舞传递了土家人的精神和信仰，充满了土家人的情感特点。

土家族的传统舞蹈"舍巴日"即摆手舞，众舞者围成一圈，在场地中央有一人敲锣鼓，众舞者伴随着节奏甩手并屈膝下蹲。选择鼓手很有讲究，鼓手通常由村中德高望重的老人担任，因为老人娴熟的动作和耳熟能详的鼓声可以产生震撼的效果。

## 2. 岫岩皮影戏

岫岩皮影戏（图 2-20）是一种传统戏剧，起源于岫岩地区的民间艺术形式。在 300 多年的发展中，岫岩皮影戏逐渐形成了成熟的艺

【皮影戏是怎么流传的】

【致敬传统文化：中国非遗惊艳世界，看完告诉你什么叫文化自信！】

图 2-19　土家族摆手舞

图 2-20　岫岩皮影戏

术表现形式,并成为地方文化的重要组成部分。在形式上,岫岩皮影戏经历了3个阶段,从早期单人表演的"独影"阶段、向集体分工表演过渡的"溜口影阶段"发展到"翻书影阶段",成为一门成熟的艺术。2008年,岫岩皮影戏被列入国家级非物质文化遗产扩展项目名录,并于2012年成功入选联合国教科文组织非物质文化遗产名录。

### 2.2.2 物质文化

物质文化是指为满足人类生存和发展的需要而创造的物品和文化表现,包括饮食、服饰、建筑、交通、生产工具等方面。物质文化遗产是历史、艺术或科学成分具备突出价值的有形文化遗产。根据《保护世界文化和自然遗产公约》,物质文化遗产包括历史文物、历史建筑、人类文化遗址等,如莫高窟壁画、颜真卿书法、秦始皇陵兵马俑和北京故宫等,如图 2-21~图 2-24 所示。

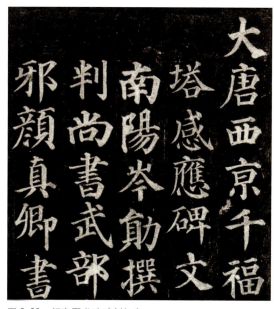

图 2-22 颜真卿书法碑刻拓文

图 2-23 秦始皇陵兵马俑

图 2-24 北京故宫

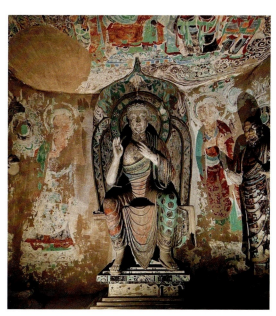

图 2-21 莫高窟壁画

1. 河北涉县旱作梯田

河北涉县旱作石堰梯田 2014 年被认定为"全国重要农业文化遗产"，2023 年 5 月 20 日被正式认定为全球重要农业文化遗产。这种农耕生产系统是为适应自然环境和躲避战乱而发展的，传承了深厚的传统农业文化。该梯田系统规模巨大，被联合国世界粮食计划署的专家誉为"中国第二大万里长城"，如图 2-25 所示。在建设梯田时，王金庄人充分利用土石资源，应用智慧和传统经验。梯田石堰全部由石料砌成，填充石缝的泥土可以起到护田和黏合的作用，整齐而精细。为了应对洪水，王金庄人采用了悬空拱券镶嵌结构，这是一种非常有效的补救性措施，体现了当地百姓数百年的生存智慧，如图 2-26 所示。

图 2-25　河北涉县旱作梯田

【一分钟了解物质文化遗产】

图 2-26　河北涉县旱作梯田悬空拱券镶嵌结构

【大美江西 100 县 100 秒】

2. 南丰古城

古城是我国重要的物质文化遗产之一，记录了城市社会、文化、经济、历史的变迁。中国有众多古城，包括135座国家级历史文化名城。南丰县位于武夷山脉和雩山山脉之间，盱江流经，拥有悠久的历史和许多名胜文化，如南丰古城、南丰蜜橘、南丰傩舞、曾巩石像及南丰白舍窑等，南丰因此被称为休闲南丰、世界橘都、中国傩乡、曾巩故里，如图2-27～图2-31所示。

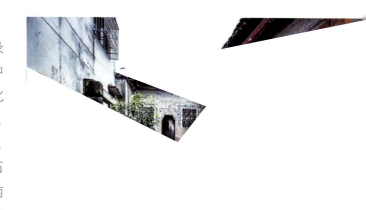

图2-27　南丰古城

图2-28　南丰蜜橘

图2-29　南丰傩舞

图2-30　曾巩石像

图2-31　南丰白舍窑

## 2.3 文化研究对象

文化是人类社会发展不可或缺的一部分，包括地域、饮食、建筑、民俗和制度等分类方式。地域文化反映了不同地区的历史、地理、气候和文化遗产等方面的影响；饮食文化反映了不同地区的自然资源、社会制度和文化传承等方面的影响；建筑文化反映了不同文化的价值观和美学观；民俗文化反映了不同地区的信仰、历史和文化传承等方面的影响；制度文化反映了不同地区的政治、经济和社会制度等方面的影响。这些文化分类方式为我们理解和欣赏不同文化提供了便利，并帮助我们更好地认知和尊重不同的文化。

### 2.3.1 地域文化

地域文化是中华优秀传统文化中的一种重要分类方式，它涵盖了地理背景、民俗、传统、习惯等文明特征。随着地域变化，地域文化也在不断地演变发展。在进行文化创意产品设计时，深入研究和探讨地域文化必不可少。

1. 齐鲁文化

齐鲁文化由齐文化和鲁文化组成，鲁文化注重道德伦理，齐文化偏重功利和革新。这两种文化逐渐融合形成内涵丰富的齐鲁文化（图2-32、图2-33）。沂沭细石器文化是山东土著居民东夷人所创造的东夷文化之一，与大汶口文化和龙山文化谱系相连，形成了完整的中国史前文化序列。大汶口文化和龙山文化被认为是东夷文化的鼎盛时期。

图2-32 齐鲁文化传承活动

图2-33 齐鲁文化遗址

## 2. 巴蜀文化

巴蜀文化是以重庆为中心的四川、重庆地区的文化，源自巴人和蜀地三古族的融合，现代出土的商代后期陶器便体现了这些地方特色。巴蜀地区最大的特色是雄险幽秀的自然景观，蕴含着丰富的文化内涵。例如，剑门蜀道、九寨黄龙、泸沽湖和三峡等地都具有独特的文化特征，有许多活动和文化遗址，如图2-34、图2-35所示。

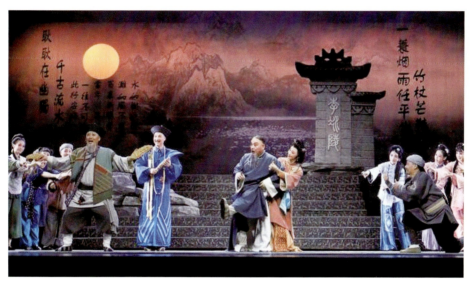

图2-34 巴蜀文化活动现场

图2-35 巴蜀文化遗址

## 3. 楚文化

楚文化是春秋时期南方楚国的文化总称，保留了中原文明特色，吸收了少量蛮夷文化。其辉煌灿烂的文化成就备受瞩目，艺术品更体现了楚人的想象力和审美意识。楚国艺术设计及整个楚文化的成熟，源于特定的历史环境，与先秦时期的历史文明密不可分，如图2-36所示。

【航拍顶级文化遗址
熊家冢楚墓】

图2-36　楚文化艺术品

4. 吴越文化

吴越文化是江浙地域文化的体现，包括"吴文化"和"越文化"两个细分文化。其历史经历了从以武勇为荣到士族文化，再到经济超越北方、精湛发展的阶段。吴越文化代表中国文化中典雅精致的一面，也承载了奢华之风，如图 2-37 所示。

图 2-37　吴越文化古迹

## 5. 西江文化

西江文化起源于东南沿海的百越稻作区域，西江发端于云贵高原的乌蒙山区，长达千里，流域内人口众多、少数民族聚居。该区域是中国大石铲文化、贝丘文化、稻作文化、铜鼓文化、崖壁画文化等最早的发源地之一，对岭南地区和东南亚国家文化具有深远的影响。同时，该区域还拥有许多独特而重要的文化资源，如图2-38、图2-39所示。

图2-38 西江文化活动现场

图2-39 西江文化古迹

## 2.3.2 饮食文化

饮食文化的特征主要包括多元化、地域性、传统性、社交性、健康意识和文化交流。这些特征决定了各地饮食文化的独特性，同时推动了不同饮食文化之间的交流和融合，促进了全球饮食文化的多元化发展。例如，巴蜀地区出土的汉画像石和壁画，记录了汉代农业饮食与社会文化之间的联系。画像内容涵盖丰富的宴饮、狩猎、渔猎、播种收割、酿酒等题材，展现了日常生活和礼仪及与农业饮食相关的思想诉求。四川地区的文化资源尤为丰富，如图 2-40、图 2-41 所示。

## 2.3.3 建筑文化

建筑文化是一种独特的文化形态，既是一种物质文化，又是一种精神文化。建筑文化具有丰富的内涵，其中包括历史、地域、社会、艺术和技术等方面。建筑的历史、地域和社会等方面的特征反映了人们的生活方式、价值观念和审美观念等的变化。建筑作为一种艺术形式，具有独特的艺术内涵，体现了人们对美的追求和创造力的表现。

例如，"木刻楞"是中国东北部林区和俄罗斯远东地区木结构建筑的统称。在呼伦贝尔地区中东铁路的修建过程中，作为车站办公和员工居住处所的"木刻楞"应运而生。530km 长的"木刻楞"沿线途经满洲里、海拉尔、博克图等站点，是中国东北铁路工业遗产的一部分。这种建筑类型源于俄式民居的设计，属于井干式建筑类型，广泛分布于我国东北部和西南部等林业资源丰富的地区，如图 2-42、图 2-43 所示。

图 2-40 四川大邑安仁乡出土的东汉宴饮画像

图 2-42 呼伦贝尔特色"木刻楞"民俗

图 2-41 东汉描绘渔猎和收获的画像砖

图 2-43 俄罗斯"木刻楞"小屋

图 2-44 彝族结婚仪式

## 2.3.4 民俗文化

民俗文化是以民间为基础的文化形态，具有传统性、地域性、民间性、多样性和文化交流性等特征。它是历史悠久的文化形态，体现了不同地区和民族的特色和文化传统。民俗文化由民间自发形成并传承下来，反映了普通人民对生活的关注和社会问题的思考。同时，民俗文化在不同的文化背景中进行了交流和融合，推动了文化的交流和发展，促进了人类文化的多元化。例如，彝族的结婚仪式是由物质、行为方式、事件、语言等象征符号系统构成（图 2-44）。它蕴含着丰富的观念文化，如时间观、空间观和家族观。由于不同地区的社会历史背景、居住格局、变迁程度等因素的差异，各地彝族结婚仪式的内容和形式存在差异。然而，在贵州省威宁县斗木村，彝族结婚仪式的传统文化得到了相对完整的保留。斗木村彝族的结婚仪式过程包括 7 个部分：提亲，彝语称"妻哼"——烧鸡吃，彝语称"阿曲祖"——打彩礼，彝语称"肘火"——商定结婚日，彝语称"肘麦芽"——待姑娘，彝语称"阿麦克诶"——嫁姑娘，彝语称"阿麦妻"——结媳妇，彝语称"妻扣"。

## 2.3.5 制度文化

制度是人类为约束自身行为而构建的一系列规则，包括习惯、法规、戒律等，是物质生产和精神生产过程中形成的结果。在古代，它们通常被称为"制"和"度"，二者合称"制度"，作为判断标准和人们必须遵循的尺度，影响着建制内的规范和形成过程。我国在几千年的历史长河中，逐渐摸索出适合本国发展的特色制度，如人民代表大会制度、中国共产党领导的多党合作和政治协商制度、民族区域自治制度等。作为新时代的青年，更要自觉遵守我国制度的基本章程，积极弘扬本国特色文化，坚持保护民俗民风，使我国的特色文化在历史长河中继续璀璨发光。

### 单元训练

（1）物质文化遗产包括哪些内容，列举两个例子说明。

（2）非物质文化遗产包括哪些内容，列举两个例子说明。

（3）物质文化遗产与非物质文化遗产的概念分别是什么，区别在哪里？

## 课外拓展

（1）学习线上精品课程"文化创意产品设计"的"第二章 如何挖掘文化"的 2.1～2.4 节，并完成线上练习。

（2）查找一两个少数民族的资料，并从地域、饮食、建筑、民俗、制度 5 个方面分析其文化特性和古迹民俗。

（3）调研哪些优秀的文化元素可以应用于我国航天、航海等国之重器的设计中，并思考如何巧妙应用。

【第 2 章课辅资料】

# 第 3 章
# 设计流程与方法

**本章要点**

学习产品设计的系统思维，掌握基本的设计流程与方法。

**本章目标**

培养产品设计的系统思维，将所学的知识与设计呈现有机结合，具备将基础理论知识融入后期设计应用的能力。

**内容框架**

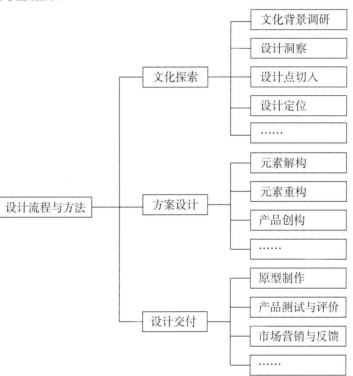

本章介绍了文化创意产品的设计流程，其主要分为文化探索、方案设计和设计交付 3 个阶段。在设计过程中，首先需要了解目标文化的历史背景，并确定设计定位；其次，通过重构目标文化特征，结合文化应用载体，完成设计方案；最后，使用不同的工具和方法制作产品样机模型，完成商业化需求。本章旨在为产品设计、工业设计初学者和设计爱好者提供系统的设计流程与方法，帮助他们独立思考并选择最适合自己的设计方法开展设计创作。

## 3.1 文化探索

在文化探索阶段,通常会包括文化背景调研、设计洞察、设计点切入和设计定位4个部分。文化背景调研是指研究目标文化的历史起源、发展历程和特征亮点等要素。设计洞察是指针对文化的特征,思考适合文化创意产品设计的途径。设计点切入是指通过产品设计的方法,进一步研究文化的特征亮点,找到适合切入的需求点。设计定位是指在找到切入点后,选择合适的方式进行设计转化。以下将介绍这4个阶段中常用的方法,以帮助设计师更好地完成文化探索和设计定位。

图 3-1 费孝通民族志田野调查画面

### 3.1.1 文化背景调研的方法

1. 历史文献法

历史文献法是通过搜集、分析和研究各种现存文献资料来选取信息以达到调查研究目的的方法。它解决了从历史文献资料中选取合适资料并做出适当分析和应用的问题。执行历史文献法需要经过几个步骤:确定分析单元和制定分类标准;确定检索途径和抽取分析样本;浏览检索信息及进行统计和综合分析。历史文献法适用于那些无法进行现时调查的文化现象的研究。

2. 民族志调查法

民族志田野调查(图3-1)是一种重要的研究方法,包括实地考察、观察和访谈等,可以全面地了解民族文化特征和文化发展变迁,促进不同民族之间的交流和相互了解,为政策制定提供重要参考。需要注意的是,民族志田野调查需要投入大量时间、人力和物力,且需要专业的研究团队和方法论的支持,同时保证调查结果的客观性和准确性。

3. 比较分析法

比较分析法是一种自然科学或社会科学的研究方法,通过观察和分析找出研究对象的相同点和不同点。它是认识事物的一种基本方法,按照物质、意识形态划分文化,通过比较性质相近的事物,得出它们的相同点和不同点。对比分析法通常将两个或更多个相互联系的指标数据进行比较,从数量上进行展示和说明,以研究对象规模的大小、水平的高低、速度的快慢及各种关系是否协调。

例如,对圆明园(图3-2)和苏州园林(图3-3)进行简要的比较分析:从建筑风格来看,圆明园以汉唐建筑为主,结合了西方建筑的元素,呈现出独特的清代皇家园林风格;而苏州园林则以江南园林为主,注重自然景观的营造和景致的组合。从文化内涵来看,圆明园展现了清代皇帝的荣耀和权力,也体现了中国文化的传统美学观念;而苏州园林则体现了中国文化中的传统审美观念和人文精神,强调自然与人文的和谐相融。

图 3-2　圆明园即景

图 3-3　苏州园林即景

4. 观察法

观察法是根据一定的研究目的、研究提纲或观察表，用感官和辅助工具去直接观察被研究对象，从而获得资料的一种方法。

科学的观察具有目的性、计划性、系统性和可重复性。常用的观察法有核对清单法、级别量表法、记叙性描述等。由于人的感官具有一定的局限性，因此往往要借助各种现代化的仪器（如照相机、录音机、显微录像机等）和手段来辅助观察。

观察法是一种有目的、有计划地观察文化现象的方法。细心观察各种现象时，要进行系统性的记录，包括观察人物、时间、环境、行为和关系等。

5. 地域文化特征调研

产品设计所面向的使用人群一般生活在一定的地域文化环境中，他们的审美取向、价值取向、生活习惯等都受到这些环境因素的影响。产品只有符合当地目标人群的偏好，才能得到人们的认可。进行地域文化特点及差异的研究对于企业进行跨文化的产品开发来说，具有极大的指导意义。

在对目标市场的地域文化特征进行调研时，不仅需要了解人们的审美偏好，而且需要调研当地的文化传统、习俗、宗教禁忌等，进而制定正确的设计策略。

例如，龙在东方是瑞兽，其形象通常用来象征皇权、中华民族的独特精神，因此成为中华民族的图腾（图 3-4）；而龙的形象在西方通常用来象征坏的事物或者有威胁性的状况，诸如邪恶的有翼怪物、恶魔、凶暴的人等（图 3-5）。

图 3-4　东方龙的形象

图 3-5　西方龙的形象

图 3-6　奔驰、宝马和奥迪汽车的品牌形象

6. 品牌形象特征调研

地域文化是产品的民族特性，企业文化是产品的家族特性。品牌形象是企业生存依靠的精神力量和文化力量，这些力量因长期积累而成，逐渐凝结成相对固定的形象特征，并体现在产品上（图 3-6）。

## 3.1.2　设计洞察

1. 归纳典型，提炼传统图案与造型

这种方法是目前文化创意产品设计师使用最多的方法，这一类文化创意产品（图 3-7）在市面上也是最为多见的。设计师通常从一些具有视觉冲击力的传统手工艺品中提取富有内涵的经典图案，将其印在包、本、明信片、冰箱贴、挂历等各种产品之上，如将苗绣、蜡染、京剧脸谱、年画之中的图形以丝网印刷或热转印等方式印制在服装等载体上。

图 3-7　敦煌九色鹿文创化创意产品

出于批量生产和保证质量的考虑,在大多数情况下,生产者和设计师并不使用传统的技艺方法,而是对其进行修饰或重新绘制,直接将传统图形图案以新方法进行造型或直接将图案印制在产品之上。例如,常见的是通过拍摄或扫描获取图像,再使用Photoshop或Illustrator等计算机辅助设计软件重新修正和制图。

2. 保留部分工艺,改变材料与造型
一些非遗文化创意产品直接源自非遗项目,所承担的不仅有宣传中国非物质文化遗产、打开旅游商品市场、拓宽文化创意产业的任务,而且有"依靠产业来养活传统工艺"的造血功能。

例如,唐人坊批量生产的"唐娃娃"人偶就脱胎于"北京绢人"(图3-8),其继承了"北京绢人"中的一些传统工艺,如人偶的梳头方法、头饰的掐丝编制等。同时,唐人坊也借鉴了日本人形美术中的一些造型、工艺、材料,将其融入"唐娃娃"之中。所谓"礼失而求诸野"(语出《论语·里仁》),日本对于传统文化和工艺的保护和传承值得学习,此时在日本寻回当初遗落的传统,也是一种深入的自省。

3. 基于传统技艺,改进工艺及扩展功能
在基于一些门槛较高的传统技艺进行设计时,设计师会遭遇各种问题。当设计师基于传统手工艺进行形态与功能创新的时候,需要进行思考和探索的不只是造型,因为随着造型和功能的变化,也需要有能相适应的材质和工艺作为支撑,甚至一些传统的材质和工艺不再足以支撑新产品(图3-9)。设计师必须在掌握传统技艺的基础上对其进行新的探索,在这种情况下,存在以下两种可行的思路。

(1)设计师与手工艺人密切配合,这种配合需要顺畅无阻,是建立在设计师已向手工艺人习得技艺的基础上的。设计师所习得的技艺未必如传承人一样深入娴熟,但仍须有所了解。
(2)设计师在熟练掌握传统技艺的基础上,有强烈的创新意识,并且有足够支撑这种创新探索的知识储备和资源。

4. 沿用传统题材,进行周边衍生设计
这种方法的范围最为广泛,不只局限于传统美术和传统技艺的范畴,一些传统戏剧戏曲、音乐、民俗、体育竞技、民间文学都可以成为文化创意设计的源泉。例如,图3-10所示为课程团队利用土家织锦元素进行的家居四件套设计。

图3-8　Q版"唐娃娃"

图3-9　雕漆壶

图 3-10　土家织锦元素家居四件套

**5. 提供材料包，引导手工体验**

引导受众亲身进行手工制作是一种深度的体验途径，随着电子商务的普及，一些无法身临其境的受众也可以通过各种途径收到材料包，对手工艺类的非遗项目进行参与体验（图 3-11）。针对非遗项目，进行材料包的设计开发无疑是一种更加简单快捷、传播面更广的方法，传承人需要在确定产品后，计算好所需材料的内容与数量，配成相应的材料包。

在这个过程中，成熟设计师的参与对于强化材料包的视觉效果、提高实际销售量具有较大作用。材料包中除了有手工体验所需要用到的材料，制作教程也是必不可少的，对于一些制作步骤相对简单的产品，直接在材料包中提供说明书即可；而对于一些相对复杂的手工制品，有时需要给用户提供制作的电子教程或视频演示，相应的做法是在材料包中提供可以扫描的二维码，用户可以通过扫描二维码，获得详细的视频教程，在观看后达到手工体验的目的。

**6. 使用传统工艺与材料，控制品质**

非物质文化遗产是一种传统生活表现形式，而在传统技艺类的非遗项目中，传承人通常会使用天然材料进行制作。手工制品有时难以完全统一标准，但手工艺人可以凭借精湛

图 3-11　汉服折纸套装

的工艺在一定的范围内做到相对一致。无论是为了控制品质，还是为了提高工作效率，"流水线"都不失为一个可行的模式。此处的流水线可以由不同的人员来完成，也可以由同一人分别于不同的时段来逐批完成。

例如，专门制作北京民间玩偶"兔儿爷"（图 3-12）的北京吉兔坊就使用流水线模式进行作业，吉兔坊的负责人为了提高生产效率，对人员的技术环节以"流水线"的模式作了专门的分工安排：捏泥人、翻模子、作彩绘；然后，还有专门负责审核和包装的人

图 3-12 "兔儿爷"玩偶

员,以保证"流水线"上每一个环节的做工,由此来控制产品的基本品质,同一款产品间会存在手工的细微差别,但不至于出现大的瑕疵和落差。每年的春节与中秋节是"兔儿爷"玩具需求的高峰期,最为繁忙的时候会有几十个匠人同时工作。

7. 活用科学技术,推动文化传承创新

随着科学技术的发展,VR(Virtual Reality,虚拟现实)、AR、数字产品等新兴技术不断涌现,如何利用新兴技术进行文化的传承与创新是进行文化创意产品设计的一个重要途径。一般来说,数字文化创意产品设计可以从以下 5 个角度进行。

(1)用户体验角度:数字文化创意产品设计要注重用户体验,从用户的需求和习惯出发,设计易用、易懂、易记的界面和交互方式,让用户能够轻松地使用和享受数字文化创意产品带来的乐趣。

（2）创新角度：数字文化创意产品设计要有创新点，从市场上已有的数字文化创意产品中找到不足，加以改进和创新，让产品更具竞争力和吸引力。

（3）故事情节角度：数字文化创意产品要有一个好的故事情节，通过生动有趣的故事情节来引导用户探索数字文化创意产品的内容和世界，让用户更深入地了解数字文化的内涵和价值。

（4）技术应用角度：数字文化创意产品的设计要注重技术应用，包括数字化、VR、AI等技术，让数字文化产品更具现代感和科技感，以提升用户体验和产品价值。

（5）文化传承角度：数字文化创意产品的设计要注重文化传承，从传统文化中挖掘元素和价值，将其与现代技术融合，创造出具有传承性和创新性的数字文化创意产品，让用户更好地了解和传承文化。

## 3.1.3 设计点切入的方法

1. 头脑风暴法

"头脑风暴"最早是精神病理学上的用语，是针对精神病患者的精神错乱状态而言的。后来，"头脑风暴"多指无限制地自由联想和讨论，其目的在于产生新观念或激发创新设想。

在群体决策中，由于群体成员心理相互作用影响，易屈于权威或大多数人意见，因此会形成所谓的群体思维。群体思维削弱了群体的批判精神和创造力，损害了决策的质量。为了保证群体决策的创造性，提高决策质量，人们在管理上便形成了一系列改善群体决策的方法，头脑风暴法就是其中较为典型的一种方法。

采用头脑风暴法组织群体决策时，要集中有关专家召开专题会议（图3-13）。主持者以明确的方式向所有与会者阐明问题，说明会议的规则，尽力创造融洽、轻松的会议气氛。主持者一般不发表意见，以免影响会议的气氛，由组员"自由"提出尽可能多的方案。

图 3-13　头脑风暴法专题会议

【头脑风暴法】

头脑风暴法的四大原则如下所列。

（1）自由奔放去思考。要求与会者尽可能地解放思想，无拘无束地思考问题并畅所欲言；同时，鼓励自由奔放、异想天开的意见，观念越新奇越好。

（2）会后评判。禁止与会者在会上对他人的设想评头论足，排除评论性的判断。至于对设想的评判，留在会后进行，也不允许自谦。

(3）以量求质。鼓励与会者尽可能多地提出设想，以大量的设想来保证质量较高的设想的存在，设想多多益善，不必顾虑构思内容的好坏。

(4）可以"搭便车"，见解无专利。鼓励借用别人的构思，借题发挥，根据别人的构思联想另一个构思，利用一个灵感引发另外一个灵感，或者把别人的构思加以修改。

2. 卡片智力激励法

卡片智力激励法又称CBS（Card Brain Storming，使用卡片的头脑风暴）法，由日本创造开发研究所所长创立，其特点是对每个人提出的设想可以进行质询和评价。针对所要讨论的主题，让与会者各自在卡片上写出若干个想法、点子，然后向其他人介绍。其他与会者可以在倾听、赞扬的同时，对原始的想法进行再创造，然后继续在同一张卡片上写出想法、点子，以此来尽可能多地收集想法创意，如图3-14所示。

CBS法实施步骤如下所列。

(1) 5～8人参加会议，每人发50张卡片，另准备200张卡片备用，会议时间为60min。

(2) 与会者对会前所提示的主题进行设想，并把设想写在卡片上。每张卡片写1个设想，每人提出10个以上的设想，时间为10min。

(3) 在开会时，各人把卡片放在桌子上，轮流进行解说。

(4) 倾听他人设想时，可提出质询。如果自己有新构想，应立即写在备用的卡片上，并把它放在桌子上，时间为30min。

(5) 与会者发言完毕后，将内容相似的卡片集中起来，并加上标题。

(6) 卡片分好类后，要将标题列在最前面，并横排成一列，之后逐一讨论完善各种设想。

(7) 主持者决定分类题的重要程度，时间为10min。

图3-14 卡片智力激励法示意图

### 3. 奔驰法

奔驰法（Substitute-Combine-Adapt-Modify-Put to another use-Eliminate-Reverse，SCAMPER）由美国心理学家罗伯特·F.艾伯尔（Robert F.Eberle）创立。这是一种检核表，代表7种改进或改变的方向，能激发人们推敲出新的构想。

（1）替代（Substitute）。
创意或概念中哪些内容可以被替代，以便改进产品？
哪些材料或资源可以被替换或互相置换？
运用哪些其他产品或流程可以达到相同的目的？

（2）结合（Combine）。
哪些元素需要结合在一起，以便进一步改善创意或概念？
如果将该产品与其他产品结合，会得到怎样的新产物？
如果将不同的设计目的或目标结合在一起，会产生怎样的新思路？

（3）调整（Adapt）。
创意或概念中的哪些元素可以进行调整改良？
如何将产品进行调整，以满足另一个目的或应用？
还有什么元素、目的或产品可以进行调整？

（4）修改（Modify）。
如何修改创意或概念，以便进行下一步改进？
如何修改现阶段的形状、外观或给用户的感受等？
如果将该产品的尺寸放大或缩小，会有怎样的效果？

（5）其他用途（Put to another use）。
创意或概念怎样运用到其他用途中？
能否将创意或概念用到其他产品或行业？
在另一个情境中，产品的行为方式会如何？
能否将产品的废料进行回收再利用，以创造一些新的东西？

（6）消除（Eliminate）。
已有创意或概念中的哪些方面可以去掉？
如何简化现有的创意或概念？
哪些特征、部件或规范可以省略？

（7）反向（Reverse）。
与创意或概念完全相反的情况是怎样的？
如果将产品的使用顺序颠倒过来，或改变其中的使用顺序，会得出怎样的结果？
如果做了一个与现阶段创意或概念完全相反的设计，结果又会是怎样的？

### 4. 思维导图法

思维导图是一种视觉表达形式，展示了围绕同一主题的发散思维与创意之间的相互联系。研究思维导图，从中找出各个想法互相之间的关系，可以提出解决方案。设计师可以通过思维导图将主题所有相关因素和想法视觉化，将对主题的分析结构化，如将主题的名称描写在空白纸上，先将其圈起来，再对主题进行头脑风暴，绘制从中心向外发散的线条，并将自己的想法标在不同的线条旁，可以根据需要在主线上增加分支。这种方法就是思维导图法，如图3-15所示。还可以使用一些额外的视觉技巧，如用不同颜色标记几条思维主干，用圆形标记关键词语或出现频率较高的想法，用线条连接相似的想法。

图 3-15 思维导图法示意图

【思维导图法】

5. 场景描述法

场景描述法也称情境故事法或使用情景法，以故事的形式讲述目标用户在特定环境中的情形，如图 3-16 所示。根据不同的设计目的，故事的内容可以是现有产品与用户之间的交互方式，也可以是未来场景中不同的交互可能。在采用场景描述法时，要确定场景描述的目的，明确场景描述的数量及篇幅，选定特定的人物角色或目标用户及需要达成的主要目标；同时，要构思场景描述的写作风格，为每个场景描述拟定一个具有启发性的标题，并巧妙地利用角色之间的对话，使场景描述内容栩栩如生；还要为场景描述设定一个起始点，触发场景的起因或事件，专注地创作一篇最具前景的场景描述。

设计的过程也被普遍认为是解决问题的过程，而在解决问题之前，设计师首先需要寻找并界定真正的设计问题。这是得出解决方法最重要的前提。回答以下问题可以帮助设计师界定设计问题。

# Four Steps
场景设计四部曲

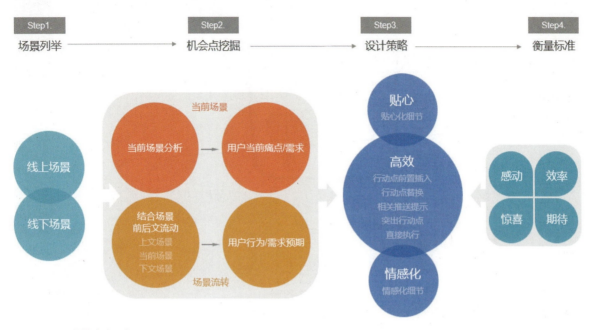

图 3-16　场景描述法示意图

（1）谁遇到了问题？
（2）主要问题是什么？
（3）与当前场景相关的因素有哪些？
（4）问题遭遇者的主要目标是什么？
（5）需要避免当前场景下的哪些负面因素？
（6）当前场景下的哪些行为是值得采纳的？

将所得结果整理成结构清晰、调理清楚的文字，形成设计问题。其中应包含对未来目标场景的清晰描述，以及可能产生设计概念的方向。对问题的清晰界定有助于设计师、用户及其他利益相关者进行有效的交流与沟通。

## 6. 用户观察法

用户观察法是为了确定产品内容、对象及地点，在毫不干预的情况下对用户进行访谈或采用问卷调查的形式实现目标的一种方法。在真实环境中或实验室设定的场景中观察用户对产品的反应，可以通过拍摄视频、拍照片或记笔记来记录；也可以先将所有数据整理成图片、笔记等形式，再进行统一的定性分析，全方位地分析用户行为并将其转化为设计语言。

用户访谈一般应用于开发消费者已知的产品或服务，访谈能深入洞察特殊的现象、特定的情境、特定的问题、常见的习惯、极端情形和消费者偏好等。进行用户访谈时，具体步骤为：制定访谈指南，包括与问题相关的各种话题清单；邀请合适的采访对象，一般依据项目的具体目标选择 3～8 名受访者；实施访谈的时长通常为 1h 左右；在访谈过程中需要进行录音记录，记录访谈对话的具体内容；最后，需要总结访谈笔记。

## 3.1.4 设计定位及方法

文化创意产品设计定位涉及 3 个方面的内容，分别是应用内容、文化类别和设计载体，如图 3-17 所示。

根据图 3-17 的归纳整理，应用内容包括行为过程、精神内核和外在形象 3 个方面；文化类别分为地域文化、饮食文化、艺术文化、自然文化、美好祝愿文化和服饰文化几类；设计载体分为文具用品、电子产品、生活用品、纪念品和文娱产品几类。

对于每一个文化产品来说，都可以将其对应到一个以应用内容、文化类别、设计载体为轴的三维图中进行确切定位。因此，在进行文化创意产品设计时，要以此为出发点，分别从这 3 个方面去思考有关文化产品的设计方向，进而完成产品的立体定位。这种方法可为学生提供一种可行性强、操作性强、效率显著的设计定位思路。

在文化创意产品的设计中，常用的设计方法有趋势分析法、功能分析法、SWOT 分析法、搜寻领域法、维度分析法等，具体内容如下所述。

1. 趋势分析法

趋势分析法（图 3-18）能帮助设计师辨析用户需求和商业机会，从而为进一步制定商业战略设计目标提供依据，也能催生创意想法。应用趋势分析法时，应尽可能多地列出各种

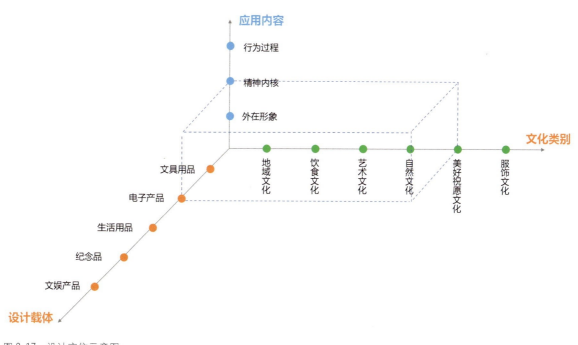

图 3-17　设计定位示意图

图 3-18 趋势分析法示例

趋势,可使用一张分析清单帮助整理相关的问题和答案,过滤相似的趋势并将各种趋势按照不同的等级进行类别分析;要辨析这些趋势是否有相关性并找到它们之间的联系,确定有意义的新产品或服务研发方向;也可以将不同的趋势进行组合,观察是否会催发新的设计灵感。趋势分析法不仅能启发灵感,而且能帮助设计师认清推出新产品所面临的风险和挑战。

2. 功能分析法

功能分析法(图3-19)是一种分析现有产品或概念产品的功能结构的方法,可以帮助设计师分析产品的预定功能,并将功能和与之相关的各个零部件相联系。产品功能是"产品应该做什么"的抽象表达,设计师需要将产品或设计概念通过功能和子功能的形式进行描述,列出产品功能清单及其主功能与子功能。而面对复杂的产品,设计师可能需要清理产品功能结构图,此时可以遵循3个原则:一是按时间顺序排列所有功能,联系各个功能所需输入和输出,将功能按不同等级进行归纳;二是整理并描绘功能结构,补充添加一些容易被忽视的"辅助"功能,推测功能结构的各种变化,最终选定最佳的功能结构;三是功能结构的变化可以依据产品系统界限的改变、子功能顺序的改变拆分或合并其中的某些功能。

3. SWOT 分析法

SWOT分析法(图3-20)能帮助设计师系统地分析出企业运营业务在市场中的战略位置并依此制订战略性的营销计划。"SWOT"是"strengths"(优势)、"weaknesses"(劣势)、"opportunities"(机会)、"threats"(威胁)4个单词首字母的大写,前两者代表产品内部因素,后两者代表外部因素。

进行内部分析时,首先需要分析自身产品属于什么行业。进行外部分析时,可以思考这些问题:当前市场环境中最重要的趋势是什么?人们的需求是什么?人们对当前产品有什么不满?什么是当下最流行的社会文化和经济趋势?竞争对手都在做什么?它们计划做什么?整个产业链的发展有什么趋势?然后,列出产品的优势和劣势清单,并对照竞争对手逐条进行评估;将精力主要集中在产品自身的竞争优势及核心竞争力上,不要太

| 产品图片 | 造型特征 | 优点 | 缺点 |
|---|---|---|---|
|  | 手提箱造型 | 灵活、重量轻、易携带 | 储量少、续航短 |
| 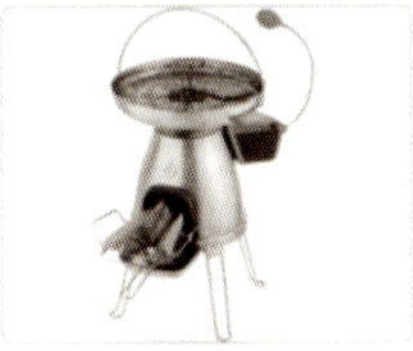 | 火炉造型 | 可充电、有LED显示屏、方便移动 | 体积大、不便携带 |
|  | 圆柱造型 | 可存放折叠刀具和勺子、色彩明亮、重量轻 | 功能少、储量少 |

图 3-19　功能分析法示例

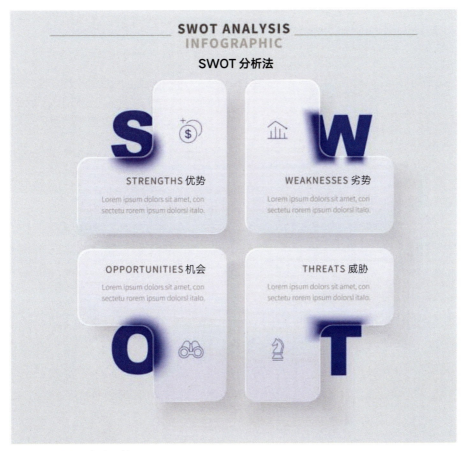

图 3-20　SWOT 分析法示例

过于关注自身劣势；将分析所得结果条理清晰地总结在 SWOT 表格中，与团队成员和其他利益相关者交流分析结果。

4. 搜寻领域法

搜寻领域法（图 3-21）能帮助设计师在开发新产品时找到市场机会。该方法通常在 SWOT 分析结果的基础上进行综合整理，将 SWOT 分析所得的结果作为起点，将结果放在一个矩阵中寻找可能的关联。首先，结合内部优势和外部机会，通过发散思维创造出一些搜寻领域，并依据选择标准对通过思维发散出的领域进行筛选，进而得出有价值的搜寻领域；然后，进行一次用户情境或使用情境研究，检测各搜寻领域的可行性，将这些搜寻领域归纳为设计大纲，并依据设计大纲中的各搜寻领域生成不同的产品创意。

5. 维度分析法

运用维度分析法（图 3-22）时，先为中心词画一个象限表，以纵轴为解决效果，以横轴为实现成本，然后根据每个点子的实际情况将其一一对号入座，最后根据产品开发的要求选取缩小点子的范围，直到最终确定可行性最高的点子为可行方案。

运用维度分析法对思维发散出的点子进行整理、筛选，挑选出有价值、有意义的设计点。至于采纳哪个方案，则需要对挑选出来的点子进行评估。

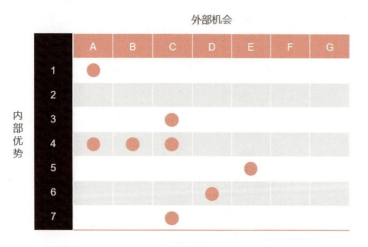

图 3-21　搜寻领域法示例

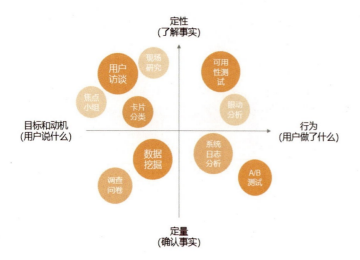

图 3-22　维度分析法示例

## 3.2 方案设计

在进行文化创意产品方案设计时，通常经历3个阶段：元素解构，元素重构，产品创构。元素解构是指将传统文化中蕴含的文化特征进行设计元素提取，将文化语言转化为设计语言。元素重构是指将提取的元素通过不同的方式进行特征融合，以获得产品的新秩序，即新特征。产品创构则是将提炼的新特征进行产品上的创新应用。通过3个阶段的创新设计，可以实现对传统文化符号的去繁存简，最终获得最有典型意义的文化创意设计方案。本节就此阶段常用的设计法则与方法等进行简要介绍。

### 3.2.1 设计元素构成基本法则

构成基本法则即产品语义相关设计元素之间的构成法则，包括平面构成法则、立体构成法则和形式美法则等。这些构成基本法则涵盖了产品设计中的多个方面，不仅可以提升产品的外观品质，而且可以增强产品的可读性、易用性等并符合人类认知习惯等，从而达到更好的用户体验和商业价值。

1. 平面构成法则

平面构成法则是指在二维平面上进行设计时应该遵循的一些原则，如重复、渐变、发散、旋转等，如图3-23所示。这些法则能够帮助设计师更好地组织和布局设计元素，使得视觉效果更加舒适和自然。常用的一些平面构成法则还有对称、非对称、四方连续、拼贴、平面肌理、正负形、特异构成、缩放等。

2. 立体构成法则

立体构成法则是指在三维空间中进行设计时需要考虑的因素，如模块化、浮雕、堆砌、穿插、螺旋等，如图3-24所示。这些法则能够

图3-23 平面构成法则运用

图3-24 立体构成法则运用

帮助设计师创造出更加有力的三维形态,从而丰富产品的外观特性。常见的立体构成法则还有捏塑、拼接、对称、放射、解构、折叠、褶皱、裁剪、编织、折曲、翻卷、卷曲、排列、表面处理、线/框组合、线/面组合等。

### 3. 形式美法则

形式美法则是指针对产品整体外观形态的美学设计原则,包括黄金分割、对称美、简约美等,如图 3-25 所示。这些法则能够帮助设计师打造出更加优美的外观效果,并在视觉上获得较高的吸引力和美感。常见的形式美法则还有变化与统一、对称与平衡、比例与尺度、对比与协调、节奏与韵律等。

#### 1. 变异修饰

变异修饰的方式分为变形、变色、变式和变意几种方式,如图 3-26 所示。

图 3-26　变异修饰运用

图 3-25　形式美法则运用

#### 2. 打散再构

打散再构的具体步骤是:先将原形分解,进行重新组合;然后,移动位置,打散原形组织结构形式,移动后重新排列;最后,进行切除,选择美的部分或从美的角度分切,保留最具特征的部分,如图 3-27 所示。

#### 3. 借形开新

借形开新即借助一个独特的外形或具有典型意义的样式进行新图形塑造,如图 3-28 所示。

## 3.2.2　传统文化元素特征提取方法

常见的提炼传统文化元素特征的方法主要有变异修饰、打散再构、借形开新、承色异彩和异形同构几种,它们由上文中设计元素构成基本法则演变而来。

#### 4. 承色异彩

承色异彩即借鉴传统色彩的配色方式进行设计,或打破传统色彩的局限对局部色彩进行变换,如图 3-29 所示。

图 3-27　打散再构运用

图 3-28　借形开新运用

图 3-29　承色异彩运用

5. 异形同构

异形同构实质是一种组合方式，通过组合元素不断变换，或者通过不断的配对重组促使新图形产生，主要分为异型同构、图文同构、中西文同构几种方式，如图 3-30 所示。

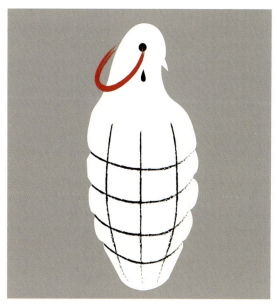

图 3-30　异形同构应用

### 3.2.3　常见的创意设计方法

1. 仿生设计

仿生设计是一种以自然界中生物进化的过程为灵感，通过模仿自然系统、结构和功能的方法来解决工程设计问题的方法。其目的是从生物学科学中汲取灵感，利用生物体的优秀特性和适应能力来解决人工系统的设计难题。

具体来说，仿生设计首先要从自然界中选择一个合适的生物作为研究对象，了解其生存环境、行为习惯、结构形态等方面的信息，并将其运用到工程设计中。在仿生设计中，常用的生物包括鱼类、鸟类、昆虫、植物等。仿生设计的关键是分析这些生物的结构和功能，找出其中的优点并加以改进和应用。例如，通过仿生设计可以得到飞机的机翼形状、轮胎纹路、建筑物的结构、自动控制系统的算法等。

产品设计中常用的仿生设计主要包括形态仿生、结构仿生及功能仿生。而在文化创意产品设计中，也常采用仿生的设计方法，如参考一些文物器皿的形状并加以运用（图3-31）。

2. 情感化设计

"情感化设计"一词由唐纳德·A.诺曼（Donald A.Norman）提出，正如人类的生理、安全、爱与归属、自尊和自我实现这5个层次的需求一样，产品特质也可以被划分为本能层、行为层、反思层这3个从低到高的层面，用户体验的设计要求把这3个设计层次统一起来，形成整个产品使用体验。

唐纳德·A.诺曼对人类情感研究发现，大脑活动分为3个层次，即来自先天条件的本能层、控制人体日常活动的行为层、大脑思考的反思层，如图3-32所示。

（1）本能层。本能层优先于意识和思维，是产品的外观要素和最初印象的基础，因此主要指产品在视觉、听觉、触觉等方面带给用户的第一体验感受。本能层的设计强调的是产品的初步印象，比较注重产品的外观形态和给人的触觉体验。产品带给用户的感官体验是愉悦的，才能成为产品用户体验塑造成功的基础。

图3-31　竹节仿生茶具

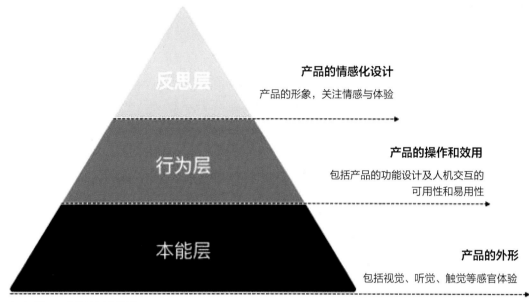

图 3-32　用户体验层次模型

（2）行为层。行为层的设计主要体现在用户与产品发生交互行为时产生的体验感受，它包括用户使用操作产品的这一过程是否顺利、操作步骤是否简单便捷、操作过程是否舒适等。行为层与用户的操作体验相关，注重产品的功能设计及人机交互的可用性和易用性。

（3）反思层。反思层会产生意识和高层次的情感和感知，意指用户基于行为体验进行更深层次的思考产生的体验感受，是用户体验产品之后产生的反思认知。在这3个层次中，反思层最容易受种族、教育、经验和个体差异的影响而发生变化。

3. 可持续设计

可持续设计是指在设计过程中考虑了环境、社会和经济可持续性的设计理念和方法。其目的是通过降低资源消耗、减少废物排放、提高产品寿命周期等方式，实现可持续发展。

以下是可持续设计的一些重要原则。

（1）绿色材料使用：使用环保材料，如可再生材料、可回收材料等。

（2）节能减排：降低能耗和减少二氧化碳排放。

（3）延长产品寿命周期：设计产品能够更长时间地使用，减少废弃物的产生。

（4）循环利用：设计产品能够进行再利用和回收。

（5）简化设计：设计产品时尽量减少零部件数量，减少能源和资源的浪费。

（6）社会责任：考虑产品对社会的影响，如安全性、可靠性、舒适性等。

（7）设计可维修性：设计产品时应考虑易维修性，减少被废弃的可能性。

总之，可持续设计的目标是在设计过程中考虑环境、社会和经济可持续性，最大限度地减少对环境的影响，同时提高产品的寿命周期和降低生产成本。

### 3.2.4 文化应用载体

文化的应用载体主要有3种，分别是实体产品、虚拟产品和虚实结合产品。

1. 实体产品

实体产品以物质实体的形式存在，如图3-33所示。实体产品一般通过实体店、计算机网络来辅助营销，但不能通过计算机网络来传递，必须依靠传统的运输系统。需要注意的是，以光盘形式销售的软件、音乐、电影等由于其载体是物质形式的，因此只能算是实物产品。

通过归纳和总结，文化创意产品设计载体（实例产品）主要分为以下类别，如图3-34所示。

2. 虚拟产品

虚拟产品是指没有实际物理形态的商品或服务，通常是通过互联网或数字技术提供的，如图3-35所示。典型的虚拟产品包括软件程序（app、网站），数字音乐，电子书籍，在线游戏，电子邮件服务等。与传统产品不同，虚拟产品可以在网络上直接交付和消费，其成本通常较低，而且具有可扩展性和灵活性。虚拟产品的发展成为数字经济的一个重要组成部分，对于改变商业模式和推动经济发展具有重要作用。

图3-33 实体产品

图 3-34 实体产品类别

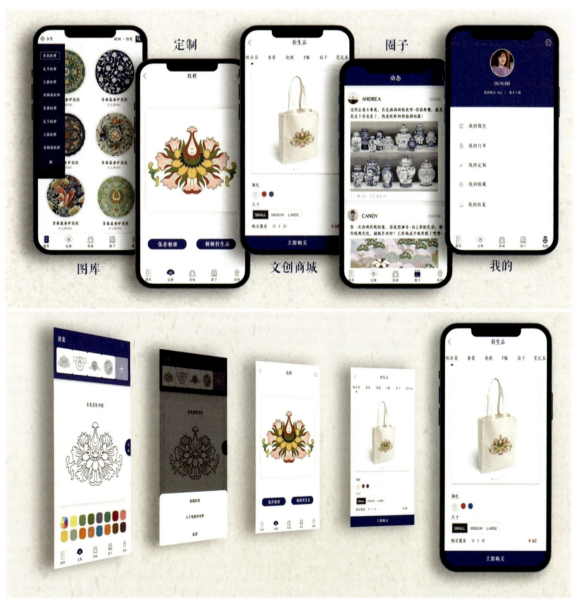

图 3-35 文化创意 app 设计

## 3. 虚实结合产品

虚实结合的产品是指将现实世界和数字世界相结合，创造出的具有沉浸式体验的产品。以下列举的是一些虚实结合的产品。

（1）智能眼镜。智能眼镜可以将虚拟现实与现实世界相结合，让用户在现实场景中获得增强现实的体验。

（2）智能手表。智能手表可以通过链接智能手机或其他智能设备，将虚拟现实和现实世界相结合，实现更加智能化的操作和交互。

（3）VR游戏。VR游戏是利用虚拟现实技术打造的沉浸式游戏体验，玩家可以身临其境地感受游戏场景和角色。

（4）智能家居。通过智能家居系统，人们可以将物理世界的各种设备和家居设施与互联网相链接，实现智能化控制和管理，同时可以将虚拟世界的服务和信息带入家庭生活。

（5）全息影像技术。全息影像技术可以将真实的物体呈现为三维立体图像，让人们可以在现实世界中观看虚拟世界的物体和场景。

这些都是目前比较常见的虚实结合的产品，未来随着技术的不断发展和创新，还会涌现出更多类型的虚实结合产品。图3-36所示为虚实结合产品中AR产品的应用场景。

图3-36 AR产品应用场景

## 3.2.5 文化创意产品设计草图表现与效果图呈现

产品设计表现是设计师通过综合运用产品造型、色彩、结构、比例、材质等元素,深入、真实地表现设计方案的重要表现形式。设计师需要围绕设计主题,研究和分析设计思路,完成整个设计过程。设计师经常采用多种媒介对自己的构想和意图进行沟通展示,以获得企业和用户的支持。因此,产品设计表现技能是设计师必备的职业素养之一。

1. 文化创意产品设计概念草图

文化创意产品概念草图是文化创意产品设计的初步表现形式之一,是指设计师在进行文化创意产品设计的初期阶段,通过手绘或数码绘图等方式,用简洁的线条和形状勾勒出初步的设计构思和概念。它通常是简单的黑白或彩色示意图,可以表现文化创意产品的外观、结构、功能等基本特征,帮助设计师更好地理解和表达设计思路。

在文化创意产品设计的过程中,概念草图起到了非常重要的作用,它能够帮助设计师更加直观地表达设计想法,促进设计团队之间的沟通协作,同时可以为后续的产品工程制图、建模效果图等表现形式提供参考,如图 3-37 所示。

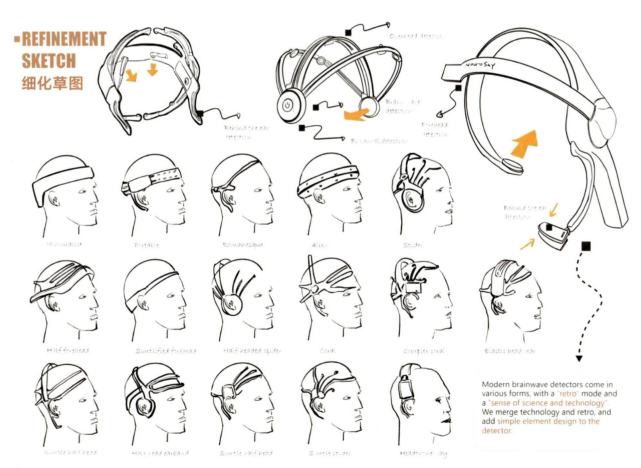

图 3-37 文化创意产品概念草图示例

## 2. 文化创意产品工程制图

文化创意产品工程制图是文化创意产品设计的重要环节，是在概念草图基础上进一步完善和细化的产品设计图纸。它是设计师在进行产品设计的中期阶段，通过专业的绘图软件或手工绘图工具，将产品的各项细节、尺寸、比例、材质、结构等方面的信息绘制成清晰、准确的图纸。

文化创意产品工程制图包括主视图、俯视图、侧视图、细节图等视角，能够全面展示产品的外观和内部结构，帮助生产厂家进行生产制造和质量控制。在文化创意产品的设计过程中，工程制图是非常重要的一环，能够确保设计方案的可行性和实用性，为产品的生产和市场推广提供有力保障。

## 3. 文化创意产品效果图

（1）文化创意三维产品效果图（图3-38）是指在概念草图和工程制图的基础上，应用专业的三维建模软件和渲染技术，将文化创意产品的外观、材质、光影等细节进行逼真的模拟和渲染，呈现出最终成品的效果。文化创意产品效果图能够直观地展示产品的外观、质感和空间感，让人们更好地了解和感受产品的设计理念、文化内涵和使用场景。在产品的市场推广和宣传中，效果图是非常重要的一环，能够吸引潜在用户的注意力，提高产品的知名度和美誉度，促进文化创意产品的销售和推广。

图3-38　文化创意三维产品效果图

(2)文化创意平面产品效果图(图3-39)用于展示文化创意产品的外观、色彩、构图等方面的特点和效果。它通常以平面设计软件为工具，运用各种设计技巧和手段，将文化创意平面产品的设计理念、文化内涵和视觉效果完整地表现出来。文化创意平面产品效果图可以是海报、名片、画册、包装盒等形式，通过平面设计的方式，传达文化创意平面产品的独特魅力和价值。

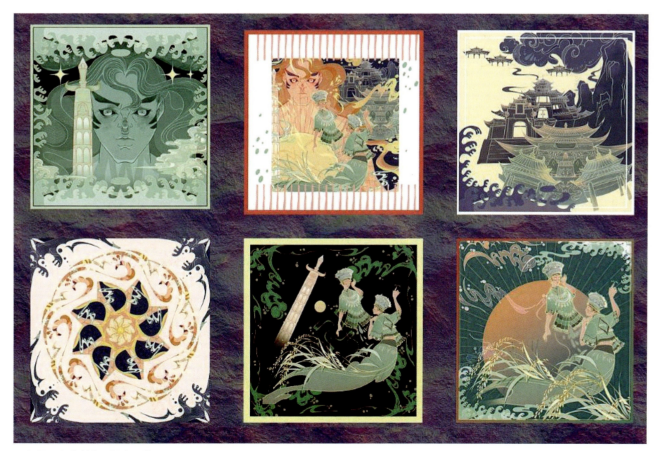

图 3-39　文化创意平面产品效果图

## 3.3 设计交付

### 3.3.1 原型制作

1. 平面作品打样

平面作品打样（图3-40）是指将平面设计师设计的作品（如海报、名片、画册等）按照设计稿的要求进行样品制作。在通常情况下，平面作品打样分为两个阶段，即样品制作和样品确认。

（1）样品制作是将设计稿转化为实物的过程，需要设计师提供准确的尺寸、色彩、材质等信息，并与打样厂家进行沟通和协调，以确保样品的质量和效果符合设计要求。

（2）样品确认是指在样品制作完成后，由设计师进行审查和确认，检查样品与设计稿的一致性和准确性，以及样品的印刷效果、色彩还原度等细节问题。如果样品存在问题，设计师就需要及时与打样厂家进行沟通和修改，直至达到满意的效果。

平面作品打样的目的是检验设计效果的可行性和实用性，同时也是为了预览最终产品的效果。在文化创意产品的设计和制作过程中，平面作品打样是非常重要的一环，它能够确保产品的质量和效果符合设计师和用户的要求，提高产品的商业价值和市场竞争力。

图3-40 文化创意平面产品打样效果

2. 产品模型制作

模型是一种表达系统、过程、事物或概念的形式,通常是根据实验或图样比例制作的产品样品。相比于模具开模,模型制作成本较低、加工速度较快,因此在大多数情况下,人们通常会选择先进行模型制作,先评估再决定是否进行模具开模。通过模型制作,人们可以反复推敲和检验产品的造型,因此其具有广泛的应用价值。

根据产品在设计中发挥的作用,可将产品的模型分为草模、展示模型、手板样机3种类型。

(1) 草模。草模也称为粗模,是设计师在初期阶段的设想构思的简易模型,如图 3-41 所示。作为一种非正式的模型,草模与概念草图一样,是设计师最初思考方向和对造型感觉的整体感知的表达方式,也是设计师进行探索和自我对白的最简单方式。草模具有推敲和修改设计的作用,可以为进一步进行细节探讨和设计打下基础。在选择草模材料时,应以易于加工成型为原则,通常使用纸、石膏、滴胶、黏土等材料。

(2) 展示模型。展示模型是用于展示设计效果的模型,也称为表现性模型,通常可以借助3D打印机来打印完成,如图 3-42 所示。展示模型通常需要表达出产品的真实形态,以展现设计师的设计意图。为了达到仿真效果,这类模型通常采用模拟真实材料的质感和效果来制作,但制作材料与实际材料不同,常使用塑料材质。由于实际产品的制作成本较高,展示模型的仿真效果较好,因此常用于设计展示交流和设计效果的验证和评估。

(3) 手板样机。手板样机是一种广泛应用于工业设计领域的实验模型,用于检验设计成果的有效性,如图 3-43 所示。在产品量产前,手板样机通过手工和加工设备的辅助结

图 3-41 草模

图 3-42 展示模型

图 3-43 手板样机

合完成，以确保其完全符合产品的生产技术和工艺要求。手板样机可以通过展览等方式向市场用户展示产品外观和结构，从而获得反馈，降低直接开模的风险。

## 3.3.2　产品测试与评价

文化创意产品是在文化领域中创造的，具有创新性、艺术性、文化性、观赏性、实用性、市场价值和社会效益的产品，对其进行测试与评价是为了检验产品的质量、市场竞争力和社会效益，可以为产品的推广和营销提供依据。

1．测试方法
（1）实验测试：通过设计实验方案进行实际测试，检验产品的性能、质量、安全性、实用性等方面的指标。
（2）用户调研：了解用户的需求和反馈，评估产品的市场适应性和用户体验。
（3）专家评测：请相关领域的专家进行评测和评估，从专业角度出发，评估产品的创新性、艺术性、文化性、观赏性等方面的指标。

2．评价指标
（1）文化内涵：产品是否具有深厚的文化内涵，能否传递文化价值和文化精神。
（2）创新性：产品是否具有独特的创新点，能否引领市场潮流和文化风尚。
（3）艺术性：产品是否具有艺术价值和观赏性，能否体现美学价值和审美标准。
（4）实用性：产品是否具有实用性和功能性，能否满足用户的需求和使用要求。
（5）市场竞争力：产品是否具有市场竞争力和市场前景，能否实现商业价值和社会效益。

文化创意产品的测试与评价是一个系统性的过程，需要综合考虑产品的各个方面，从多个角度出发进行评估和判断。只有在产品的质量、市场竞争力和社会效益都得到充分保障的情况下，才能够推广和营销产品，提高产品的知名度和市场占有率。

## 3.3.3　市场营销与反馈

文化创意产品的营销是指通过各种渠道和手段，将产品推向市场，提高产品的知名度和销售额。文化创意产品营销的主要方式包括线上营销、线下营销、口碑营销等。同时，对于文化创意产品来说，反馈也是非常重要的一环，只有及时收集用户反馈，才能够改进产品，提高用户体验。

1．营销方式
（1）线上营销：通过互联网渠道，如电商平台、社交媒体、搜索引擎、自媒体等，推广和销售产品。
（2）线下营销：通过实体店铺、展览会、文化活动等方式，推广和销售产品（图3-44）。
（3）口碑营销：通过用户口口相传的方式，提高产品的知名度和美誉度，促进产品的销售。

2．反馈收集
（1）问卷调查：设计问卷，向用户收集产品的使用体验、意见和建议，了解用户对产品的满意度和不足之处。
（2）用户反馈：通过各种渠道，如客服电话、电子邮箱、社交媒体等，收集用户的反馈和意见，及时响应用户需求。
（3）数据分析：通过分析用户行为数据，了解用户的使用习惯和偏好，为产品改进提供依据。

图 3-44　线下营销方式

## 单元训练

1. 设计一套茶壶，系统练习完整的产品设计流程。

训练时间：2 课时。

训练方式：教师先提示，引导学生通过发散思维联想有关的元素，对发散出的点子进行整理、筛选，挑选有价值的设计点，提炼设计体征并进行设计探索，通过联想用户的使用情境进一步深化产品细节，最后制作效果图。

训练提示：思考与茶壶相关联的事物，以及如何与文化创意相结合，设计出有价值的文化创意产品。

训练要求：
(1) 挑选出一种方法进行发散思维。
(2) 挑选有价值的设计点，进行细化完善。
(3) 采用 A3 纸，至少画出 5 幅草图，色彩不限。

训练目的：掌握系统的产品设计的流程与方法。

2. 运用本章的设计方法，思考如何系统地设计出一款与家乡有关的文化创意产品。

训练时间：2 课时。

**教学方式**：教师引导学生挖掘设计点，整理、筛选有价值的设计点，先思考如何与文化创意相结合，然后进一步完善设计。

**训练提示**：思考自己家乡的特色文化、民俗、代表建筑等，先找到切入点进行发散思维，再选择合适的设计载体进行文化创意产品设计。

**训练要求**：
（1）选择一种适合自己的方法，进行系统化的产品设计。
（2）采用A3纸，至少画出5幅草图，色彩不限。
（3）选择一个较为满意的方案，进一步完善细节并上色。
（4）进行效果图的表达与绘制（此项选做）。
（5）产品原型呈现（此项选做）。

**训练目的**：训练学生挖掘生活中的设计点，培养其系统性的设计思维。

### 课外拓展

（1）学习线上精品课程"文化创意产品设计"的"第二章 如何挖掘文化"的2.4～2.7节与"第三章 创新创业方法"，并完成线上练习。
（2）搜索当年的文化创意产品设计竞赛，或者根据当地乡村振兴设计的需求，开展文化创意产品设计实践。
（3）思考如何将中华优秀传统文化应用于我国未来的月球基地，并进行系列设计规划。

【第3章课辅资料】

# 第 4 章
# 传统手工艺文化创意产品设计

**本章要求**

了解传统手工艺的发展现状和存在的问题,熟悉传统手工艺的现代化改造手段和基本方式,通过案例解析掌握传统手工艺文化创意产品设计的流程与方法。

**本章目标**

培养对中国传统手工艺的认知能力,能对中国传统手工艺产生良好的文化认同和价值认同,并结合合理的设计流程与方法将传统手工艺应用到现代产品设计实践中,使传统文化焕发新的生机与活力。

**内容框架**

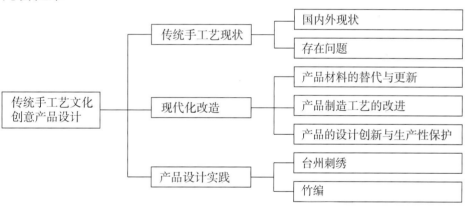

传统手工艺文化创意产品设计是指将传统手工艺技艺与现代创意设计相结合,创造出独特、具有文化内涵的产品。这种设计理念致力于保留传统工艺的精髓和历史价值,同时注入创新思想,以适应现代社会和市场需求。本章首先介绍了传统手工艺的现状、问题及传统手工艺的现代化改造,包括对产品材料的替代与更新、产品制造工艺的改进、产品的设计创新与生产性保护进行阐述;其次,用经典案例对传统手工艺文化创意在服饰中的应用与创新、现代产品设计创新类型进行分析,详细介绍了传统手工艺文化创意的设计过程和实现方式,引导读者深入了解传统手工艺文化创意的设计方法和实践经验。

## 4.1 传统手工艺现状

### 4.1.1 国内外传统手工艺产业的现状

1. 国内现状

作为一个拥有几千年文化底蕴的文明古国，中国经历了从原始社会到手工艺文明时期的转变（图4-1～图4-4）。传统手工艺是中国传统文化的重要组成部分，长期以来在文明史上占据着重要地位。然而，在近代工业化的生产模式取代传统手工艺的过程中，其地位、价值和作用受到了影响。改革开放以来，我国社会经济已经由以农业和手工业生产模式为主转变为以工业机械生产模式为主的新模式。在这种情况下，传统手工艺产业的重要性逐渐减弱，已不再是国民经济的必需品而成为"文化遗产"，其未来发展也面临着困境。传统手工艺面临着多重现实问题，需要进行新的转型以适应国际化背景下的社会经济发展。

图4-1 新石器时代人面鱼纹彩陶盆

图4-2 西汉银扣彩绘云气纹漆七子奁

# 第4章 传统手工艺文化创意产品设计

图 4-3 商四羊青铜方尊

图 4-4 唐三彩釉陶载乐骆驼

## 2. 国外现状

20世纪以来,传统手工艺的发展和保护成为各国、各民族发展中的重要课题,并受到联合国、相关保护组织和个人的重视(图4-5~图4-8)。1979年,联合国教科文组织下属的民间艺术国际组织在比利时成立(后迁至奥地利)。该组织是一个致力于保护和发展世界传统文化、民间传统艺术及非物质文化遗产的国际性非政府组织,主要任务是保护、发掘并发展民间传统手工艺文化,举办世界各地的民族传统工艺展览、国际民俗文化节和艺术节。

图 4-5 英国手工刻银器

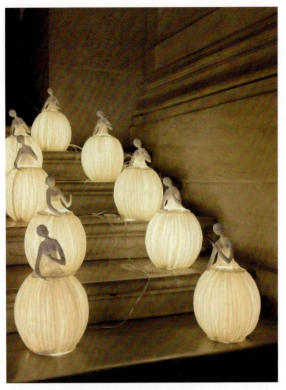

图 4-6　法国纸雕灯

图 4-7　美国手工皮雕

图 4-8　日本手鞠球

## 4.1.2　中国传统手工艺存在的问题

中国传统手工艺存在三大问题：一是后继乏人，行业人员素质不高，信息体系未形成；二是宣传力度不足；三是产品开发领域狭窄，反应市场变化不敏感。这些问题形成的原因主要在于：追求利益过度开采，造成原材料短缺；从业人员忽视用现代经营理念和设计手段提升作品的艺术价值；作品缺乏实用性和亲和力，难以贴近人们的生活；此外，工业产品的大量渗透和现代教育制度缺陷导致人们对手工艺产生认知上的偏差。为挽救和振兴传统工艺产业，需要政府、广大从业者和社会各界的支持和努力。

## 4.2 传统手工艺的现代化改造

中国现代工业设计理念的发展虽然在一定程度上受到了其他国家的启示，但不要盲目模仿或低估自己。为此，人们需要深入了解中国传统手工艺设计的特点，并结合现代工业设计理论来振兴中国传统手工艺产业；应该积极运用现代工业设计理论来保护和发展优秀的传统工艺，同时也要推动现代工艺的发展，以不断提高产业的竞争力。中国传统手工艺产业与现代工业设计理念有着密不可分的关系，只有在二者相互融合的基础上，才能实现行业的可持续发展。

### 4.2.1 产品材料的替代与更新

传统工艺产业使用的材料通常是当地原生的地质和生物资源。一般来说，广大手工艺人会从感性的角度出发，用独特的情感因素开发、设计和制造产品（图4-9）。例如，木制品的纹理温和柔美；金属制品冰凉而尖锐，锈迹斑斑又象征着历史；玻璃制品闪亮而招摇；陶土制品古朴又悠扬；等等。不同的手工艺制品在不同的时期会给人们带来不同的感受。然而，自工业革命以来，大量的消费和生产正在消耗有限的地质和生物资源，严重威胁着我们的生态环境。现代绿色设计理论要求在保持传统工艺品使用中的绿色和精神意义的同时，保证传统工艺品取材和制造过程符合绿色生态原则。

材料创新有两种途径：材料的替代和更新。针对传统工艺品材料匮乏的情况，可以通过研究其物质和精神特性，运用替代材料制造工艺品；而针对传统工艺品材料物质和精神特性的缺陷，则可以通过综合应用自然材料或创新材料制造工艺品来进行材料更新。例如，傅中望的作品《异质同构》（图4-10）将不同材质、不同形态的物体结合，表达了生命现象的恒久与现实性，展现了复杂的生存状态。

### 4.2.2 产品制造工艺的改进

现代科技的发展促进了技术与艺术的融合，工业设计应运而生。因此，现代设计与现代工业的发展相辅相成。与此相反，传统工艺产业似乎被遗忘了，因为它们不知如何融合手工业和机械化、传统和现代。这不仅使传统手工艺失去了价值，而且错过了许多机会。在现代社会中，需要保护传统手工艺的文化价值，并使传统工艺产业适应现代生活，遵循经济规律，而不是依赖政府的保护。现代手工艺提倡"手工艺与高科技"相结合，传统工艺必须学习现代技术与艺术，拓展新市场，提高生产效率和制造新产品。传统工艺必须研究现代社会人们的生活方式和文化背景，找准市场定位，并凭借传统工艺文化精神的魅力，开发合适的工艺品，以确定自身在后工业时代文化产业中的重要地位（图4-11、图4-12）。

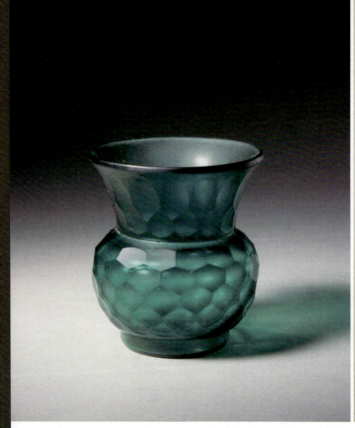

图 4-9　传统手工艺制品

图 4-10　傅中望作品《异质同构》

图 4-11　竹编莲子花器

图 4-12 现代竹编灯

### 4.2.3 产品的设计创新与生产性保护

设计是一门将形式和内容融合的艺术。没有功能的形式，设计只是无用的装饰品；而没有形式的功能，设计则是粗陋的产物。形式不必完全追随功能，但功能也不应完全让位于形式。具体问题需要具体分析，这是实事求是的态度。产品设计创新的目的是提高工艺品的文化附加值，即美感带来的价值。这包括本能欲望美感、历史、哲学等文化美感，以及自然力美感等。

深入学习传统知识、了解传统工艺是产品设计创新的途径和方法之一。当前许多工艺品只是"老图案老做、老做老图案"，核心问题是没有深入理解传统工艺的精髓。例如，彩陶不仅是原始人的简陋工具和器物造型，而且其纹饰还反映了原始人的生产方式；青铜器产生于商周时期，渗透到生活各领域；唐三彩、宋瓷、苏绣和景泰蓝等实用工艺品，包含着深刻的"礼""乐"思想，体现了中华民族的宇宙意识、生命情调、政治权威和社会亲和力。这些工艺品蕴藏着形体之美、纹样之美、色泽之美和铭文之美，是整个时代和社会文化的见证（图 4-13）。

图 4-13　传统织锦纹样

图 4-14　文化创意音响

学习新知识是产品设计创新的关键之一。当前社会的快速发展不断影响着传统手工艺产业，因此，人们需要不断学习、借鉴、吸收和融合新观念、新文化和新技术。在文化艺术方面，设计师需要结合东方和西方、历史和现代、各类艺术等，进行广泛吸收并发展自我。在科学技术方面，设计师应该了解、掌握并改造创新工艺，通过感性思考和理性认识结合设计对象和工艺要求。同时，研究新问题也很重要，如旅游市场的变化和人们心理追求的变化，要求设计师及时调整设计，生产出符合旅游者需要、体现当地文化特点的旅游纪念品（图 4-14）。

## 4.3 传统手工艺文化创意产品设计——台州刺绣

### 4.3.1 台州刺绣背景调研

台州刺绣（图4-15）的形成有两大背景：一是江南民间刺绣为台州刺绣打下了基础；二是清朝中后期东西方文化和刺绣艺术的碰撞与融合。台州刺绣成品分为服饰绣、婚嫁绣、得子绣、祝寿绣、书画绣等，它的美体现在针法的变化。台州刺绣沉淀了200多种刺绣针法，具有一定的文化底蕴。台州刺绣是"中西合璧"的产物，吸收了欧洲刺绣中的抽纱绣技艺，并形成了独特风貌。19世纪末，欧洲商人和传教士引进了抽纱绣工艺，由此给台州人带来了订单业务，从而促进了台州的花片加工产业。台州的绣娘们在掌握外来刺绣针法的同时，也逐渐将本土刺绣文化与之融合，最终形成了具有独特风貌的"海门雕平绣"。这种融合看似自然，实际上与台州拥有肥沃的刺绣土壤密不可分。

台州在古代隶属于中华瓯越地区，流传着在兽皮或织物上刺绣的生活用品的习俗。从黄岩灵石寺塔出土的五代青瓷熏炉刺绣包裹物中，可以见到树木、叶片、花苞等自然和谐的图案，其针法配色清淡优雅，表明当时台州已有一定水平的刺绣工艺。在明清时期，当地妇女学习纺纱、织布、刺绣和裁缝衣裳，自制服饰和床品，使得台州刺绣广为流传。当地丰富的刺绣图案和表现技法，使台州刺绣独具特色（图4-16～图4-18）。台州刺绣用作日常生活用品，如手帕、枕头、帐幔、荷包、鞋面、裤脚、霞帔等，图案多为寓意吉祥的，如金玉满堂、喜上眉梢、凤穿牡丹、富贵牡丹、和合二仙、状元及第、麒麟送子等；常用配色为蓝底配白线、白底配蓝、黑线等，也有少量绣品采用平针和打籽绣等其他针法。19世纪末引进彩绣纱线后，台州的彩色挑花也逐渐变多。

图4-15 台州刺绣

图4-16 麒麟送子图案

第 4 章 传统手工艺文化创意产品设计 / 073

图 4-17 马面裙

图 4-19 陈克"彩绘绣"作品

图 4-18 台州刺绣品

图 4-20 陈克《彩绘全雕绣》霓裳

## 4.3.2 台州刺绣在服饰中的应用与创新

1. 将台州刺绣创新技艺应用于服饰设计

由于传统手工技术工艺复杂、人工成本高，即使有机器协助，也难以带来高收益，因此台州刺绣行业逐渐衰退，技艺创新少之又少。然而，一些热爱台州刺绣技艺的绣工并没有放弃，他们继续为台州刺绣的发展作贡献。台州刺绣自古以来在服饰上承载着装饰与实用的双重功能。近年来，台州刺绣在现代服装设计中得到了广泛运用，在重要场合得到了用户的认可。例如，台州刺绣第二代传承人陈克创新了"彩绘绣"技艺，打破常规，突破传统台州刺绣作品技艺（图4-19、图4-20）。其后，台州刺绣第三代传承人林霞创立了三大品牌，在保护台州刺绣技艺传承的基础上，衍生出"纤艺绣"，以立体浮雕的手法进行新的艺术创作实践。台州刺绣独有的雕镂、抽纱工艺可制作出大小透空的网眼，塑造出其素雅、凌空的艺术效果，体现了我国传统视觉设计的重要特点。

传统服饰的刺绣工艺中针法多样，可解构重组，并不影响绣制的图形平整服帖的程度。人们所注重的新颖主题设定需要匹配合适的图案设计元素，而无论是主题还是图案设计，最终都将用针法技艺去一针一线地细绣出来。每一个主题都有属于自己的一份思考与情感。林霞的作品《丝影·荷梦》（图4-21）运用绣原茧与牵蛛网等针法技艺、廖春妹的作品《凤栖牡丹》等运用多种针法技艺及材料，均表现出不同物象的质感。

### 2. 将绘画应用于台州刺绣服饰设计

台州刺绣作品制作过程需要耗费大量工时，尤其是现代台州刺绣艺术的发展与创新将台州刺绣与服饰相融合，采用台州刺绣与绘画等手法，这是其费时的原因之所在。林霞的作品《紫湛》（图4-22），以叶为基，以桑为韵，巧妙地运用设计中的颜色、构图等技法，采用创新的针法技艺，以及牵引网络、牵单丝等，呈现出自然之道与丝绸之韵。整屏绣面从密到疏，依据绣品主题进行创作。《紫湛》被选为中国丝绸博物馆G20（Group of 20，二十国集团）峰会主贵宾接待室的主题装饰，制作成一面屏风展示。

图 4-21　林霞作品《丝影·荷梦》

图4-22 林霞作品《紫湛》

图4-23 Hermes Petith 设计的创意手工艺制品

3. 现代产品的台州刺绣创新技艺融合

生产刺绣产品一般基于设计，但在手工艺传统中，设计创意并不占据重要地位。在文化创意产业中，要加强刺绣与创新面料、现代色彩艺术、现代设计理念的结合，增加产品魅力与人文价值。例如，Hermes Petith 是爱马仕家族系列品牌，由设计师 Pascale Mussard 打造。她将爱马仕皮革工匠手中剩余的材料、气泡产生的水晶杯、丝巾等重新利用，设计出超乎想象的美丽逸品（图4-23）。

不同文化背景的传统工艺相互交融，其产生的是创意的无限可能性。例如，江诗丹顿莳绘腕表系列（图 4-24）就是一次探索制作工艺与创意完美结合的过程，是一个传统漆工艺老店与知名的时尚名表合作的成功案例。

图 4-24　江诗丹顿莳绘腕表系列

## 4.4 传统手工艺文化创意产品设计——竹编

### 4.4.1 竹编背景调研

竹编是指利用竹篾竹丝的挑压交织形成的编织形式,由挑压的竹篾和编织的竹篾交织而成,可编制出各种图案和特色的竹编制品。竹编制品的历史悠久,自新石器时代以来就作为必不可少的生活用品存在(图4-25)。竹编历史可以追溯到新石器时代,最初被用来编制篮筐等器具,到了春秋战国时代逐步向工艺方面发展。明清时期特别是乾隆以后,竹编工艺得到了全面发展,并与漆器等工艺结合起来,竹编制品在人们的生活中扮演着重要角色。

### 4.4.2 竹编的发展

中国的竹编工艺主要盛行于江南的产竹区。由于各地竹编的传统风格和发展趋势各不相同,工艺呈现出各种面貌,尤其是浙江地区的竹编编织精巧,色彩明快,造型实用简洁,类型多样(图4-26)。浙江地区以嵊州、东阳、兰溪的竹编最为出名:嵊州以模拟动物的容器竹编出名;东阳以制作元宵节龙灯、花灯出名,现在主要以艺术装饰品为主;而兰溪竹编则是在东阳竹编的基础上演绎而来的,以生活器具为主(图4-27)。

图4-26 竹编工艺品九龙壁

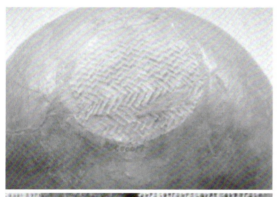

图4-25 西安半坡遗址出土带竹席纹的陶片

图4-27 兰溪竹编器具

## 4.4.3 竹编制作步骤

竹编制作步骤如图 4-28～图 4-35 所示。

图 4-28 劈竹片

图 4-29 去节

图 4-30 劈薄

图 4-31 抽篾

图 4-32 竹篾整厚

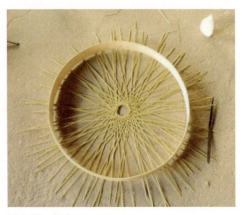

图 4-33 起底

图 4-34 编织　　　　　　　　　　　　　　　　图 4-35 收底

### 4.4.4 兰溪竹编文化创意产品素材挖掘与提炼

兰溪是著名的"兰花之乡"，竹编可以以兰花的形象进行发散。自古以来，人们就把兰花当作人格的象征，寓意高洁、清雅，誉之为"四君子"之一。将兰花花朵进行分解再组合，对花瓣的形态和纹理、花朵的整体进行造型等，可以演变出一系列的图形元素和形态样式（图 4-36）。兰溪竹编文化创意产品可以利用这些素材，进行组合、叠加等，创造出富有地域性标志的产品（图 4-37）。

兰溪竹编文化创意产品可以借鉴旧有的、现有的、好的产品形态，利用其造型特点加以改进输出，也能在一定程度上体现出地域特色。例如，可以将最常见到的竹编图样"十字编"进行抽象简化，用最基本的几何形体表现出来，先配色再进行排列组合，可以得到如图 4-38 所示的图案。

图 4-36 兰花分解示意图

图 4-37 兰花图案抽象几何化示意图

图 4-38 竹编图样图案化处理示意图

### 4.4.5 杭州竹编手工艺开发模式

河渚街是西溪湿地中的一条商业街,集推广售卖浙江传统手工艺制品和特色食品、介绍特色民俗民风和传统节日物品等于一体(图 4-39～图 4-41)。这条街商铺种类繁多,有酒楼、茶肆、丝绸店、竹编铺、古塔、西苑和小吃店等,整体风格以浙江最常见的传统民居徽派建筑为原型,配以木雕花窗户和门。蒋村竹编是杭州特色传统竹编,其传承人在这里开设了竹编坊,主要售卖生活器具(如簸箕、筐),现代装饰用品(如女士手提包)。该竹编坊售卖的生活器具质朴、温暖,现代装饰用品则更加精致细腻(图 4-42～图 4-44)。

第 4 章 传统手工艺文化创意产品设计 / 081

图 4-39 河渚街苏绣

图 4-40 河渚街浙江特色小吃店面

图 4-41 河渚街木质店面

图 4-42 蒋村竹编生活用品

图 4-43 蒋村竹根制作的米勺

图 4-44 蒋村竹编手拎包

## 4.4.6 特色地域环境在竹编制品中的表现

许多竹编制品采用竹框架和缎布结合的方式,或使用丝棉线缠绕细竹竿并结合木框架做成盒子;还有一些利用竹篾与蒲草进行编织,或分层编织不同粗细的竹篾。这些竹编手工艺很好地利用了当地竹资源,同时也具有地方特色,适应了市场生产需求,丰富了纹样和种类形式(图4-45~图4-48)。人们使用当地毛竹作为原材料,毛竹竹节间隔较长,更加方便加工,在保证了充足的原料的同时降低了成本。同时,很多旧有的使用习惯被人们保留下来,如点心筐因为透气和方便拿取而被改造成适应现代生活的小尺寸器物。

图4-45 竹材料与缎布结合

图4-46 竹材料与丝绵线结合

图4-47 竹材料与蒲草结合1

图4-48 竹材料与蒲草结合2

## 4.4.7 将竹编创新技艺应用于现代的实例

将竹编创新技艺应用于现代的实例如图 4-49、图 4-50 所示。

图 4-49 现代竹编花器

图 4-50 现代竹编灯具

## 单元训练

结合中国传统手工艺（卯榫、鲁班锁、算盘等），运用本章学习内容设计一套学生学习工具。

训练时间：4课时。

训练要求：
(1) 寻找合适的产品设计载体和手工艺类型，分别进行设计调研分析。
(2) 寻找产品与手工艺文化的设计契合点，展开设计。
(3) 采用A3纸，至少画出5张草图，色彩不限。
(4) 评估方案可行性，选取其中一种方案进行细节完善。

训练目的：掌握传统手工艺产品设计的流程和方法。

## 课外拓展

(1) 学习线上精品课程"文化创意产品设计"的"第四章 创新创业案例"的4.1节，并完成线上练习。
(2) 参考"互联网+"创新创业大赛的要求，思考如何开展传统手工艺产品创新设计助力民族非遗产业振兴。
(3) 思考如何设计一款具有中华优秀传统文化特色的纪念品，给深空探测中的航天员送去精神关怀。

【第4章课辅资料】

# 第 5 章
# 智能交互文化创意产品设计

**本章要点**

通过智能交互文化创意产品的设计案例,掌握智能交互文化创意产品设计的基本原则和方法,了解智能交互技术对文化创意产品设计的影响,并能够运用智能交互技术设计出有趣、易用的文化创意产品。

**本章目标**

通过学习本章内容,理解智能交互技术的概念和应用,从"文化背景—设计切入点—设计定位—方案设计"4个环节来展开设计,能够独立设计智能交互文化创意产品。

**内容框架**

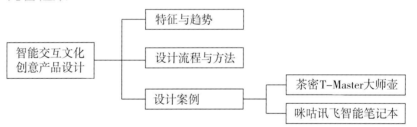

智能交互文化创意产品设计是将智能技术与文化创意相结合,创造出具有交互性、创新性和文化内涵的产品。这种设计理念注重利用智能技术,如 AI、物联网、VR 等,为用户提供更丰富、更个性化的体验,同时融入文化元素,传递特定的文化价值和情感。本章首先介绍了智能交互文化创意产品的特征与趋势,分析了智能交互文化创意产品的特征;然后,简要介绍了智能交互文化创意产品设计流程与方法,用两个经典案例"茶密 T-Master 大师壶""咪咕讯飞智能笔记本"对智能交互文化创意在产品设计、交互设计中的应用与创新进行了案例分析,详细介绍了智能交互文化创意的设计过程和实现方式,读者可以深入了解智能交互文化创意的设计方法和实践经验。

## 5.1 智能交互文化创意产品的特征与趋势

### 5.1.1 智能交互文化创意产品的主要特征

智能交互文化创意产品是指结合 AI、互联网和文化创意等技术和元素，创造出具有高度互动性和个性化的产品。以下是智能交互文化创意产品的一些特征。

（1）个性化交互。智能交互文化创意产品可以通过 AI 技术实现与用户的个性化交互，根据用户的需求和兴趣进行智能推荐和互动，提供更加精准的服务和体验。

（2）多元文化元素。智能交互文化创意产品融合了多种文化元素，可以提供不同文化领域的内容和服务，丰富用户的文化体验。

（3）创意性设计。智能交互文化创意产品在设计上强调创意性和趣味性，通过独特的设计风格和交互方式吸引用户的注意力，可以提高产品的吸引力和用户留存率。

（4）多元化功能。智能交互文化创意产品通常具有多种功能，如智能问答、语音识别、翻译、推荐等，可以满足不同用户的需求，提供更加全面的服务。

（5）数据驱动。智能交互文化创意产品通过数据分析和挖掘，可以不断优化产品的功能和服务，提高用户体验和满意度。

### 5.1.2 智能交互文化创意产品的设计趋势

智能交互文化创意产品设计的总体趋势是注重多模态交互和人机协同，以及智能化、融合性和可持续性，创造出更加具有创新性和独特魅力的产品。

（1）多模态交互。智能交互文化创意产品设计注重用户体验，多模态交互能够让用户通过视觉、听觉、触觉等方式来与产品进行交互，可以提高产品的易用性和互动性。

【2022 年产品设计趋势：AR 和元宇宙将永久改变设计】

（2）人机协同。智能交互文化创意产品不仅仅是单纯的人机交互，而是更加注重人机协同，让用户与产品之间建立更加紧密的联系和互动，以达到更好的用户体验。

（3）智能化。智能交互文化创意产品设计注重产品的智能化，通过 AI 技术，让产品能够理解用户的需求，根据用户的行为和偏好进行个性化的推荐和服务。

（4）融合性。智能交互文化创意产品设计注重不同领域之间的融合，将艺术、科技、文化等元素进行有机结合，打造出具有独特魅力和体验的产品。

（5）可持续性。智能交互文化创意产品设计注重可持续性，通过创新的设计和材料选择，将产品的环保和可持续性融入产品的设计中，以达到更加可持续的发展。

## 5.2 智能交互文化创意产品设计流程与方法

智能交互文化创意产品设计流程通常包括产品目标和需求定位、市场和用户研究、原型设计和测试、视觉和用户体验设计、进行技术开发和测试、发布和推广 6 个阶段。在智能交互文化创意产品设计中，通常采用以下 4 种方法。

（1）用户体验设计：注重用户体验，通过用户研究、原型设计、用户测试等方法，不断优化产品的用户体验。
（2）多学科交叉融合：通过多学科交叉融合，包括艺术、设计、科技、心理学等领域，打造出具有独特魅力和文化内涵的产品。

（3）AI 技术应用：运用 AI 技术，包括自然语言处理、机器学习、数据分析等技术，让产品具有智能化和个性化的特点。
（4）可持续性设计：注重可持续性设计，通过材料选择、能源利用、生命周期分析等方法，将产品的环保和可持续性融入产品的设计中。

总之，智能交互文化创意产品设计需要注重用户体验，进行多学科交叉融合，运用 AI 技术与可持续性设计，通过不断优化设计流程与方法，创造出更具有独特性和创新性的产品。

## 5.3 智能交互文化创意产品案例解析

### 5.3.1 茶密 T-Master 大师壶

**1. 文化背景**

中国茶文化历史可以追溯到远古时期，经过长期的发展和创新，中国茶叶种植和制作技术也不断精进，形成了绿茶、白茶、黄茶、乌龙茶、红茶和黑茶等不同种类，而且每种茶叶都有独特的制作工艺和品味特点。茶在中国人的日常生活和礼仪中占有重要地位，如在传统婚礼和商业谈判中，茶被用来表示尊重和友好。此外，许多地方还会举行茶艺表演和茶文化节庆活动，旨在弘扬传统文化，传递茶文化的精髓和魅力。

例如，潮州工夫茶（图5-1）是中国古典流派之一，代表了中国茶道文化的精髓，被列入国家级非物质文化遗产名录。茶道不仅强调茶文化的重要性，而且注重茶对身体健康的益处及人际交往和理解的增进。虽然现代泡茶方法更加简便，但茶文化的传承和发展依然保持着活力和创新。

图 5-1　潮州工夫茶

## 2. 设计切入点

一位年轻白领每天到公司的第一件事就是泡上一杯好茶,不过,要享受泡工夫茶的美好,需要先花费时间和精力。现在,Madison Art & Design 出品的"茶密 T-Master 大师壶",让泡工夫茶变得简单易行。"茶密 T-Master 大师壶"的设计重点在于智能化和定制化,用户可以根据个人喜好享受到完全符合自己口味的优质茶饮,让"茶道"不再复杂烦琐,如图 5-2 所示。

传统茶具存在以下两大痛点。

(1) 过于注重仪式感,泡茶过程烦琐且耗时长,不太适合在办公场合和外出时使用。

(2) 普通茶具无法有效控制水温,只适合泡袋装茶叶,而且有些茶杯泡出的茶水口感较差。

这些问题使得白领和"老茶鬼"们在外出时难以满足自己的品茶之欲,"茶密 T-Master 大师壶"便应运而生,旨在方便用户快捷地泡出好茶。

## 3. 设计定位

"茶密 T-Master 大师壶"是一款为用户提供完美泡茶体验的智能设备。该设备结合了先进的 AI 技术和茶的特点,可为用户定制不同的泡茶方案,最大限度地保留茶的味道。用户只需要通过语音命令告诉它要泡什么茶,它就可以自动调节水温和时间,并在泡茶过程中通过声光交互提醒用户品尝出最佳口感和健康功效,如图 5-3 所示。

图 5-2 智能茶具的设计切入点

图 5-3 "茶密 T-Master 大师壶"的设计定位

4. 方案设计

"茶密 T-Master 大师壶"的设计与德国工业设计师迪特·拉姆斯（Dieter Rams）的"好设计的 10 项原则"完美契合，体现了创新、实用、可靠、简洁、美观等特点，如图 5-4 所示。同时，"茶密 T-Master 大师壶"深入调研了中国传统饮茶文化，并将不同种类的茶的特点转化为代码，使用者只需要像输入 0 和 1 一样简单地操作就能实现智能泡茶，并获得极佳口感，体验到非遗大师般的泡茶技艺。

"茶密 T-Master 大师壶"的壶身和壶盖表面采用了合金材质，经过烤漆和磨砂工艺处理，手感类似于紫砂壶。同时，内胆采用玻璃材质，具有良好的隔热效果。整个壶体采用圆柱形结构，粗细适宜，不需要单独设计壶把，设计简洁美观、创新实用，完美融合了传统文化和现代科技，如图 5-5 所示。

图 5-4 "茶密 T-Master 大师壶"图示

图 5-5 "茶密 T-Master 大师壶"的整体结构

图 5-6　智能泡茶系统-　阿尔法 T 展示

"茶密 T-Master 大师壶"的创新点之一就是其独创的智能泡茶系统——阿尔法 T，如图 5-6 所示。用户只需要通过智能语音助手"小密"进行简单的操作，就能享受到全方位的泡茶体验。阿尔法 T 能够根据用户的要求，智能规划茶叶泡制的温度和比例等因素，最大限度地保留茶叶的风味和口感。此外，它还具备智能推荐、智能健康管理、云扫码智能识别茶叶和智能学习 4 种功能。用户还可以查询 300 种茶叶的简介，参考智能泡茶的方法，自由选择泡茶的过程，记录自己的泡茶数据，再自动生成个性化的泡茶方法，并分享给其他茶友。

### 5.3.2　咪咕讯飞智能笔记本

1. 文化背景

咪咕讯飞智能笔记本以传统文化用品为基础，融合了笔、墨、纸、书本和画册等元素，体现了中华优秀传统文化的价值观和内涵，如图 5-7 所示。通过技术创新，这款智能笔记

图 5-7　咪咕讯飞智能笔记本图示

本在保留传统文化元素的同时，实现了文化创意和科技的完美结合。虽然没有明显的文化元素标志，但是这款智能笔记本的技术、产品和内容仍然具有文化创意产品的特点。

2. 设计切入点

市面上虽然有许多用于学习和办公的智能设备，但很少有能够完全满足用户需求的产品。

一些产品存在卡顿、不流畅、记录功能不足等问题，无法有效解决用户在听课或开会时无暇记录的问题。这些都导致用户在高效办公和学习时遇到了诸多困难。

咪咕讯飞智能笔记本充分结合了传统文化和现代科技，为用户提供更加出色的使用体验。该产品在设计上融入中国传统绘画材料宣纸、国粹书法字体等元素，充分体现了中华优秀传统文化的精髓。此外，该产品还具备多项智能化特性，如语音输入、手写识别和离线字库等功能，方便用户进行写作、绘画、翻译等操作，可以提高使用效率，如图5-8所示。

### 3. 设计定位

咪咕讯飞智能笔记本面向学生和教育工作者，提供便捷的手写笔记解决方案，帮助用户记录、整理和管理课堂笔记。该产品集成了科大讯飞的AI技术和云端服务，可以将手写笔记进行数字化转换和文本识别，方便用户随时查找和共享笔记内容。此外，该产品还配备了电子书写板和短篇小说等辅助功能，可以提高学习效率和趣味性，如图5-9所示。

### 4. 方案设计

咪咕讯飞智能笔记本的包装盒采用了白色磨砂材质，整体外观简洁美观，有文艺气息，符合青春版的定位（图5-10）。其9.7英寸的Elink Carta电子墨水屏支持16级灰度，不发光，使用起来像实体书一样舒适自然。该产品机身采用了金属和亚克力材质相结合的设计，表面经过喷砂处理，手感细腻且防滑。此外，该产品背部还配备了可旋转支架，能够实现不同角度的书写和操作，灵活性较高。

咪咕讯飞智能笔记本的创新之处在于深度结合了AI技术和多种应用场景功能，通过手写识别、数学公式输入、语音识别等功能，用户可以更加快速地处理信息和完成任务。此外，它还设有丰富的应用场景，如作业扫描、会议记录、备忘录等，适用于学生、教育工作者、企业人员等用户群体，如图5-11。

图5-8　智能文具的设计切入点

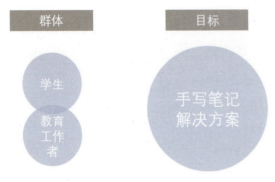
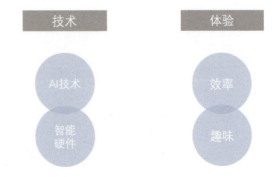

图5-9　咪咕讯飞智能笔记本的设计定位

咪咕讯飞智能笔记本青春版　　咪咕讯飞智能笔记本LAMY联合款

图 5-10　咪咕讯飞智能笔记本的两种款式

【第 5 章课辅资料】

图 5-11　咪咕讯飞智能笔记本的功能界面

## 单元训练

参照本章的设计案例，思考并设计一款智能家居文化创意产品。

训练时间：4 课时。

训练方式：教师讲解智能文化创意产品的设计方法与流程，指导学生学习智能文化创意设计的技能。

训练提示：深入了解用户需求，着眼于用户体验，要求产品设计定位清晰，功能操作简洁明了。

训练要求：
（1）采用合理的调研方法，明确用户需求。
（2）根据用户需求定义产品功能。
（3）学习运用新技术、新材料、新工艺，实现产品开发。

训练目的：综合运用技术和设计知识，实践智能文化创意产品设计，增强文化传播意识，提升文化创意能力。

## 课外拓展

（1）完成线上精品课程"文化创意产品设计"的"第四章　创新创业案例"的学习，并完成线上练习。
（2）参考大学生"挑战杯"科技作品竞赛的要求，思考如何开展智能交互文化创意产品设计。
（3）在太空、深海等极端环境中，航天员和海员的健康锻炼至关重要，思考如何设计一款具有文化特色且符合航天员或海员锻炼的智能外骨骼装备。

# 第 6 章
# 数字文化创意产品设计

**本章要求**

了解数字文化创意产品的基础知识,熟悉数字文化创意产品设计的基本方法与流程。

**本章目标**

理解数字文化创意产品的特征、类型和定位,掌握数字文化创意产品设计的方法与流程及注意事项,能够分析和评估数字文化创意产品设计案例,学会融会贯通,提升数字文化创意产品设计的应用能力。

**内容框架**

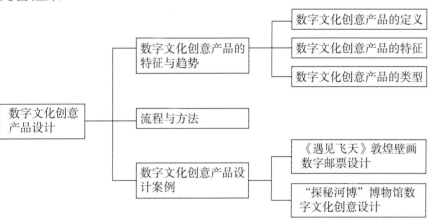

本章首先介绍了数字文化创意产品的定位和特征,包括数字文化创意产品的定义、特征和产品类型,分别用经典案例对数字交互产品、VR 产品、AR 产品、可视化产品和数字藏品等数字文化创意设计类型进行解析。本章在第 3 章文化创意产品设计方法的基础上,本章结合数字文化创意产品的特点,重点总结了数字文化创意产品的设计流程。通过《遇见飞天》敦煌壁画数字邮票设计和的"探秘河博"博物馆数字文化创意设计两个实际案例,详细介绍了数字文化创意产品的设计流程和实现方式,读者可以深入了解数字文化创意产品的设计方法和实践经验。

# 6.1 数字文化创意产品的特征与趋势

## 6.1.1 数字文化创意产品的定义

数字文化创意产业是现代信息技术与文化创意产业逐渐融合而产生的一种新经济形态。和传统文化创意产业以实体为载体进行艺术创作不同,数字文化创意是以CG(Computer Graphics,计算机图形学)等现代数字技术为主要技术工具,强调依靠团队或个人通过技术、创意和产业化的方式进行数字内容开发、视觉设计、策划和创意服务等。"十四五"规划纲要明确提到,要推动互联网、大数据、AI和实体经济的深度融合。要加速数字化发展,数字文化创意产品正好成为现代人的文化消费潮流,也成为文化产业发展的新赛道。目前,数字文化创意产业是我国重点培育的5个产值规模达10万亿元的新支柱产业之一。数字文化创意产业领域的相关产业政策也日趋完善,为行业发展带来了显著的政策驱动力量,国内经济的平稳增长也为数字文化创意产业的发展提供了广阔的市场空间。

## 6.1.2 数字文化创意产品的特征

相比传统文化创意产品,数字文化创意产品的最大特点在于让消费者参与文化的创造、形成和传播过程。数字文化创意产品通过AR、VR等科技手段,加强了用户与文化创意产品间的互动交流,带给用户沉浸式体验,可以提升用户的参与感,从而使产品更加符合用户的需求,因此具备互动性、智能化等特点。

1. 互动性

数字文化创意产品的互动性主要表现在两个方面:一是产业内部之间的要素互动,包括文化企业、产品与用户的互动交流;二是数字文化创意产业与其他产业的外部互动融合。区别于传统文化创意产品通过实物或载体向用户传递信息,数字文化创意产业内部要素互动通过数字技术将用户带入产品的过程体验,参与文化创意的传播并直接影响传播结果。例如,某录影棚在杭州国际日展会上利用算法识别和实时抠像技术,引导人们进入董邦达为乾隆皇帝所作的《西湖十景》(图6-1)之中。

如图6-2所示,体验者在画境中乘坐小舟摇摇晃晃地浏览了断桥残雪、平湖秋月、曲院风荷、三潭印月、苏堤春晓、柳浪闻莺、双峰插云等西湖景点。互动体验后仅20s,体验者就可以扫描带走这份短视频数字文化创意礼物。

2. 智能化

数字科技的发展对文化创意产业提供了支持。智能物联网、3D打印、智能材料、生物识别等智能技术在创意、创作、生产、传播等各个环节介入,改变了文化创意产品的创意、创作与生产流程,为用户提供了更多种类和材质的产品和服务。例如,博物馆数字文化创意产品利用算力,借助深度学习、内容筛选、关联规则挖掘等技术,创建用户数据库,

第 6 章　数字文化创意产品设计　　/　　099

图 6-1　董邦达《西湖十景》局部

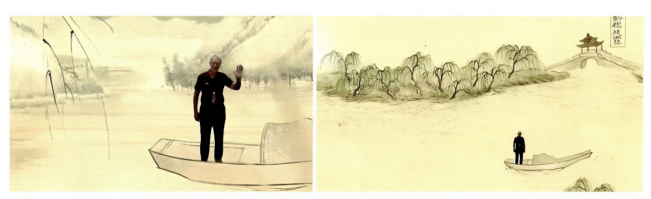
图 6-2　体验者"走"进《西湖十景》

联动多种场景，实现用户与商品之间的相关匹配，可以延续博物馆的生命力，提高社会影响力。如图6-3所示，南京博物院利用3D、VR等多媒体技术实现展厅文物的展示与交互，增强了互动的趣味性和用户的参与感。

## 6.1.3 数字文化创意产品的类型

根据应用场景与技术的不同，数字创意产业主要应用于会展领域、VR领域、产品可视化领域、收藏领域等。数字文化创意产品的类型大致又可以简单地分为数字交互产品、VR产品、AR产品、可视化产品和数字藏品。

### 1. 数字交互产品

数字交互产品（Digital Interactive Products）通常通过界面的集中显示、应用程序、游戏和互动等，提供便捷的触摸操作和快速数据处理，为多样化的场景（如教育、培训、会议、展览和演示等）提供可操作、可交流的载体，并提供完善的功能布局和详细的数据资料。如图6-4所示，2016年故宫博物院联合腾讯出品的H5动态交互页面

图6-3 南京博物院智能交互小游戏演示场景

【穿越故宫来看你】

图6-4 《穿越故宫来看你》H5动态交互页面

图 6-5 《清明上河图》VR 截图

【走进《清明上河图》画中世界】

"穿越故宫来看你"曾获得数百万浏览量，故宫还先后开发了近 10 款手机 app，涵盖了生活服务、文物鉴赏、教育科普、休闲游戏多个方向，使历史文化资源以更贴近主流生活的形式出现，成为数字化传播博物馆文化资源的典范。

2. VR 产品

VR 运用集视觉、听觉和触觉于一体的智能终端，营造出逼真的三维虚拟空间，用户可以在虚拟场景中与之交互，产生身临其境的感觉。VR 技术与游戏产业、文旅演出产业等相关文化产业的结合，诞生了一大批以 VR 技术为基础的设备产品，在为消费者提供娱乐性的同时，增强了文化传播的视听体验与用户满意度。如图 6-5 所示的《清明上河图》VR 产品，游客戴上 VR 头戴显示器就能够进入《清明上河图》中的虚拟世界，漫步在繁华的市井街头，身临其境地感受北宋汴京的城市风貌。

3. AR 产品

AR 是一种将虚拟信息叠加在现实场景中的技术。与 VR 不同，AR 不是完全替代现实，而是通过将数字信息与现实世界交互来增强用户的感知体验。AR 技术可以通过多种方式实现，如先使用摄像头捕捉现实世界的图像，然后在屏幕上叠加数字信息，或者使用专用的 AR 眼镜或头盔将数字信息投影到用户的视野中等。如图 6-6 所示的是 2016 年任天堂发布的精灵宝可梦 GO，这款基于地理位置的游戏 app 异常火爆，下载率非常高。

图 6-6　精灵宝可梦 GO

【PokeMon GO】

### 4. 可视化产品

可视化（Visualization）是利用计算机图形学和图像处理技术，先将数据转换成图形或图像在屏幕上显示出来，再进行交互处理的理论、方法和技术。可视化产品是在可视化技术的基础上，应用到各个领域的产品形态。如图 6-7～图 6-10 所示的是故宫壁纸、故宫输入法皮肤、《故宫回声》漫画、奇迹暖暖故宫套装等可视化产品。它们都巧妙地将故宫文化与人们日常接触的数字产品结合起来，借助数字化技术进行多样化的数字文化创意产品设计。

### 5. 数字藏品

数字藏品（Digital Collectibles）是一种基于 NFT 技术的数字文化创意产品，将传统的文化艺术品、历史文物等数字化并进行展示、传播和保护。从设计形式来看，数字藏品主要分为两类：一类是以文物本体为设计载体的复刻型数字藏品，如 2021 年 10 月鲸探发起针对文旅数字化的"宝藏计划"中 24 家博物馆开始参与研发 3D 版数字藏品，如图 6-11 所示；另一类是以藏品 IP 为基础进行二次创作型艺术类数字藏品，相比简单的文物复刻更增添了一些生动的创意形式，如图 6-12 所示。

第 6 章 数字文化创意产品设计 / 103

图 6-7 故宫壁纸

图 6-8 故宫输入法皮肤

图 6-9 《故宫回声》漫画

图 6-10　奇迹暖暖故宫套装

图 6-11　复刻型数字藏品

第 6 章　数字文化创意产品设计 / 105

图 6-12　二次创作型艺术类数字藏品

## 6.2　数字文化创意产品设计流程与方法

数字文化创意产品设计需要结合数字文化创意产品的特点,首先从文化内涵入手,利用历史文献法、民族志调查法、比较分析法、观察法等对文化对象进行深度解读,掌握文化内核并挖掘亮点;其次,根据调研内容展开信息梳理,利用思维导图、看板设计等方式明确设计理念,提炼产品的核心信息、主题和价值观,确定数字文化创意产品所需的元素和视觉语言,找到设计点;再次,选择合适的载体,如应用程序、VR、AR、数字藏品或可视化互动装置,明确设计定位;最后,利用数字技术的赋能与转化,开展图形元素的打散与重构、色彩选择与搭配、产品形态与文化内涵结合等应用,完成设计探索(图6-13)。

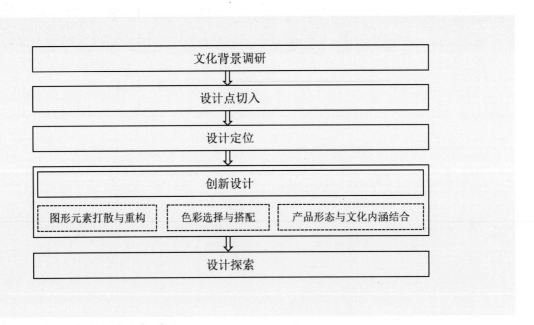

图6-13　数字文化创意产品设计流程与方法示意图

# 6.3 数字文化创意产品设计案例

## 6.3.1 《遇见飞天》敦煌壁画数字邮票设计

### 1. 文化背景调研

非物质文化遗产是中华优秀传统文化最重要的组成部分,合理地保护和利用非物质文化遗产不仅有利于中华优秀传统文化的继承和弘扬,而且有利于增强中华民族的文化自信。敦煌文化是在继承中华优秀传统文化艺术的前提下,不断汲取和借鉴其他国家和地区的文化精华,造就的一种独特的传统文化类型。

近年来,敦煌文化被广大艺术家和商家广泛地发掘,如莫高窟、飞天、佛像雕塑等具有代表性的敦煌元素频繁出现在电影、游戏、文学作品中。一些跨界品牌推出文化创意产品和周边,敦煌逐渐成为国潮中最炙手可热的IP符号之一。其中,敦煌壁画对中国文化艺术的发展与传播起着深远的影响,作为传统文化的艺术瑰宝,它代表了民族传统文化艺术的演进和变革历程。

第3章讲到的历史文献法是进行文化背景调研的重要方法之一。要深入了解敦煌文化的历史内涵,首先要收集与敦煌壁画相关的资料,包括历史书籍、研究论文、博物馆收藏、考古报告等;其次,要将这些资料进行分类和整理,并进行深入阅读和做好笔记,而且在阅读过程中要留意文化背景、历史时期、相关人物和事件等重要信息;最后,要撰写一份研究报告,包括敦煌壁画的历史、艺术特点、主题和内容等方面的信息。通过这些步骤,可以更好地了解敦煌壁画的文化背景,从而为数字邮票设计提供更好的灵感和设计方向。

### 2. 设计点切入

《遇见飞天》数字邮票设计的视觉主体是一群精通乐器、轻盈飞舞且浑身充满异香的"香音之神"。整个课题系列插画分为两大模块——"敦煌音乐家"与"敦煌舞蹈家",并通过线条来具体表现所要呈现的视觉形象。

(1)"敦煌音乐家"。"敦煌音乐家"以飞天人物为主要视觉中心。在敦煌壁画中,有许多古代乐器出现,如箜篌、笛子、琵琶等,该模块用乐器辅助中心人物来充实画面,同时加入一些纹理应用,营造出主题"敦煌音乐家"的氛围。

(2)"敦煌舞蹈家"。"敦煌舞蹈家"以飞天人物舞蹈动作和大动态来表现主题。该模块动态画面效果的呈现是以植物花卉、丝带、云层等来传达的。即使呈现的画面效果是静态的,但由于人物神态各异,也能表现出动态。线条也可以表达出飘然的效果,达到画面的动静结合,采用飞天衣袖的飘逸感与绵长的飘带来营造飞天女神身躯的优美轻捷,并加入九色鹿、花卉、楼阁来烘托"敦煌舞蹈家"的主题。

### 3. 设计定位

邮票是寄递邮件时贴用的邮资凭证,一般由主权国家发行。邮票的方寸空间常体现一个国家或地区的历史、科技、经济、文化、风土人情、自然风貌等特色，邮票除了有邮政价值，还有收藏价值。邮票凭借其丰富的选题内容、多彩的设计和印制工艺，一直吸引着众多集藏爱好者。为更加全面、立体地展现中国邮票形象，不少企业及机构通过设计数字邮票的方式创新邮票发行形式，如中国邮政自2020年《庚子年》生肖邮票开始，通过AR视频、动画、互动游戏等形式，同步发布邮票数字化内容，让传统邮票更加鲜活生动。

图 6-14　壁画人物衣纹

通过整合敦煌壁画中的各种元素，对敦煌壁画进行插画设计，通过数字邮票的形式推出产品，能够有效地传播敦煌文化。这可以最大限度地彰显数字文化创意的艺术特性，提升文化创意产品的综合品位。数字文化创意产品设计为敦煌壁画的发展提供了新的思路，使其更具文化感染力，更加贴近生活。

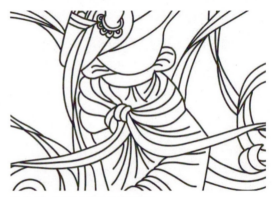

图 6-15　壁画人物衣纹线稿提取

4. 创新设计

以敦煌壁画飞天为出发点，将过去与现代进行融合重构，对敦煌壁画文化进行文化调研和总设计风格定位。出于敦煌壁画的独特性，在充分理解的基础上加以设想，了解敦煌艺术中的文化元素及代表理念，以便于更好地发扬敦煌传统文化。

图 6-16　壁画花纹

（1）图形元素打散与重构。
敦煌壁画的场景构图应和谐统一，可以在插画的构图上运用人物夸张造型作为画面的主体，对原壁画元素进行提取（图6-14～图6-17），最大限度地还原壁画的动态，来传达插画所带来的意象美。运用富有张力的人物动作与简约的色彩搭配。画面讲究"满"和"动"，即饱满而不复杂，

图 6-17　壁画花纹线稿提取

画面虽静止但整体灵动。这在风格上可以形成不同的表达，体现出敦煌壁画的独特魅力。

与以往敦煌飞天人物形象的高贵、傲视不同，为了拉近人物间的距离，该设计运用了简单、平和的表现方式。原壁画人物眼部为丹凤眼，形态较为修长，有距离感，而创作修改为卡通化大眼，增加了萌趣，赋予了活力（图6-18、图6-19）。此外，创作保留了壁画人物头部的光圈造型，融入线稿，在改变创作的同时没有丢失原来的敦煌特征，不会导致插画所呈现效果过度一致性而失去自我风格定位。

（2）色彩组合与搭配。

敦煌壁画历经千年洗礼，在色彩的运用上成就巨大。敦煌壁画的颜色运用极为高级，在色彩的运用上十分巧妙且充满了活力，画面极具美感，体现着较高的艺术美学探究价值（图6-20、图6-21）。总体而言，敦煌壁画所运用的颜色数量并不多，可以用单纯来概括，但画面中单一的颜色并不使人感觉单调，反而成为敦煌文化独特且较强的指向性。

敦煌壁画中强烈的装饰感与造型表现体现出一种热烈而厚重的民族性特性。因此，插画配色应做到色彩之间的平衡、灵动感、色调把握、节奏掌控，先将前期素材简单概括为几何平面化的小色块组合，然后运用合理的色彩配色形成完整统一的画面，做到画面和谐，使其不会太过于花哨。

（3）产品形态与文化内涵的融合。

在"敦煌舞蹈家"系列中，盛世美颜草图（图6-22）加入了壁画图案及祥云元素，在确保人物置于视觉中心的同时以敦煌壁画窟顶为元素提取，并融入插画画面，以丰富完整画面。单幅画面主题分别为盛世美颜、路过人间、与鹿同行、步步生莲、婀娜多姿、自拍达人等。其中，盛世美颜画幅前部以圆盘作为镜子造型，图案利用了敦煌壁画的对称性图案。在人物面部的造型上运用卡通化造型，与以往的敦煌飞天面部特征对比有了较大的突破，增加了俏皮与可爱。此外，为了在画面中营造舞蹈的灵动感，在与鹿同行（图6-23）画幅中适当地加入九色鹿动物的元素，与画面的主体人物进行呼应。

图6-18 壁画人物面部

图6-19 壁画人物面部线稿提取

| | | |
|---|---|---|
| C 44 M 100 Y 100 K 11 | C 16 M 96 Y 96 K 0 | C 8 M 71 Y 45 K 0 |
| C 82 M 54 Y 100 K 22 | C 77 M 45 Y 98 K 6 | C 58 M 6 Y 72 K 0 |
| C 2 M 56 Y 87 K 0 | C 5 M 20 Y 70 K 0 | C 4 M 7 Y 31 K 0 |
| C 72 M 25 Y 46 K 0 | C 64 M 9 Y 41 K 0 | C 51 M 55 Y 0 K 0 |

图 6-20　敦煌壁画颜色提取 1

| | | | | | |
|---|---|---|---|---|---|
| C 87 | C 74 | C 69 | C 53 | C 15 | C 5 |
| M 53 | M 49 | M 38 | M 23 | M 24 | M 14 |
| Y 51 | Y 0 | Y 7 | Y 4 | Y 47 | Y 29 |
| K 14 | K 0 | K 0 | K 0 | K 0 | K 0 |

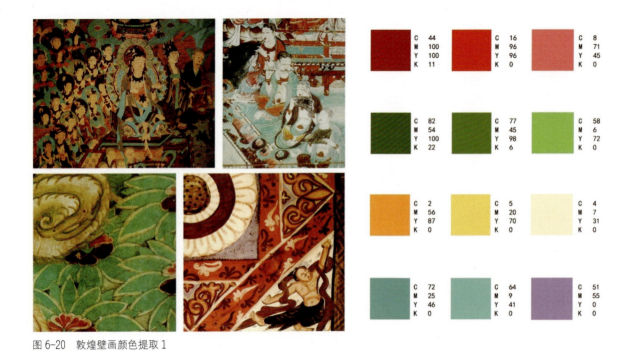

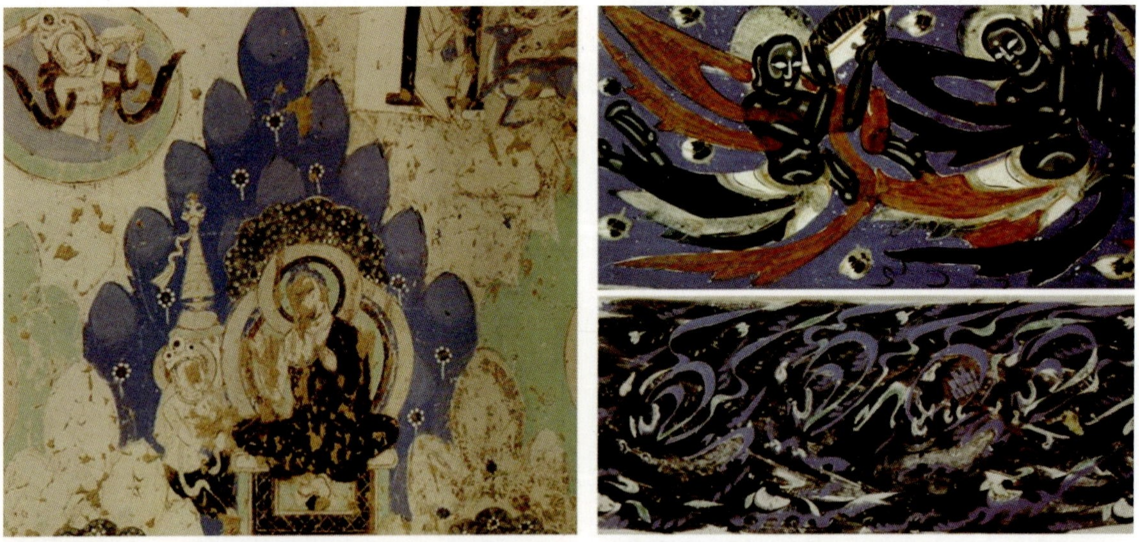

图 6-21　敦煌壁画颜色提取 2

图 6-22 盛世美颜草图

图 6-23 与鹿同行草图

图 6-24 "敦煌音乐家"线稿

"敦煌音乐家"主要以飞天人物为主,线稿(图 6-24)提取了壁画元素中的吹奏类乐器,如琵琶、箜篌、横笛、排箫、钹等乐器辅助画面。插画构图中的物象围绕其意象性展开,将画面的表现力作为绘画的根本意图,营造出音乐家的氛围感。对面部的刻画有多变的动态,每一个人物分别对应各自主题:认真、享乐、沉醉、优秀、自信、娇羞。

在人物头饰方面,以各种金属、珠宝与纺织品做成的头饰为主。插画中所表现的头饰主要有两种:一种以较宽的带子束起,两侧各垂起一段飘带,称为"冠披";另一种是头戴宝冠,个别是带有 3 个圆盘形修饰的头冠,位于中间的圆盘较大,两边次之以辅助。

（4）整体设计。

整体画面在色彩上要保持合理性，不应出现画面搭配不当的现象。合理的版式和设计会给画面添砖加瓦，做到设计的最优体现。在字体的选择上，要考虑画面的整体感，应选择较为呼应的字体辅助画面，避免喧宾夺主（图6-25）。

（5）设计作品展示（图6-26～图6-32）。

图6-25 "敦煌音乐家"整体设计

图6-26 数字邮票单张歌女1

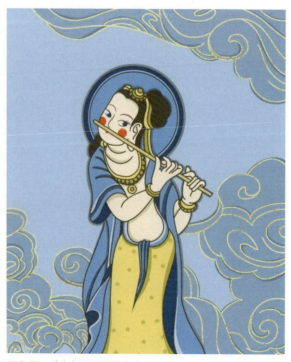

图6-27 数字邮票单张歌女2

第 6 章 数字文化创意产品设计 / 113

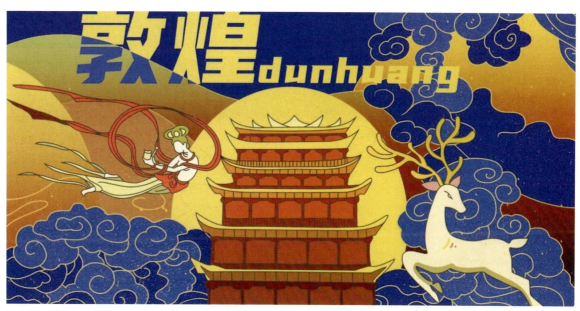

图 6-28 数字邮票封面

图 6-29 数字邮票单张舞女 1

图 6-30 数字邮票单张舞女 2

图 6-31 书签样式单张舞女 1

图 6-32 书签样式单张舞女 2

## 6.3.2 "探秘河博"博物馆数字文化创意设计

**1. 文化背景调研**

河北省博物馆于2014年正式更名为"河北博物院"。河北博物院位于石家庄市文化广场,是省级综合性博物馆、全国爱国主义教育示范基地、国家一级博物馆。河北博物院积极通过各种新媒体方式为用户提供全面服务教育体验,不断调整具有趣味性的创新宣传方式,在数字资源传播中积极利用数字技术推动文化内容传播新业态。

近年来,随着河北博物院文博IP在《国家宝藏》《如果国宝会说话》等电视节目亮相,河北博物院内的文物藏品和历史文化得到了广泛的传播,在微信、微博、哔哩哔哩网站、抖音等社交媒体上不断"出圈",产生了相当大的影响。河北博物院在向公众普及文物知识的同时,也向世界宣传了中国悠久的历史文化。

如果使用比较分析法对同类型的产品进行竞品分析(表6-1),首先需要选择比较对象,即与河北博物院在文化背景和地理位置上相似的其他博物馆的数字文化创意设计,收集比较对象的信息,包括设计理念、设计风格、所使用的文化元素、受众群体等;其次,对比收集到的信息,分析其他博物馆数字文化创意设计的文化背景和特点,比较它们与河北博物院数字文化创意设计的异同点;最后,在了解其他博物馆数字文化创意设计的文化背景和特点之后,可以根据河北博物院自身的文化背景和定位,确定数字文化创意设计的方向和设计风格。在整个调研过程中,要注意信息的客观性和准确性,同时要注意保护知识产权和文化遗产。

**2. 设计点切入**

河北博物院馆藏文物、标本、史料、文献、博物馆建筑、品牌、人力资源甚至博物馆观众客流等,都可以作为博物馆文化产品开发可以利用的静态特征文化资源,体现着博物院的物质实力和文化实力,也是博物院静态特征文化的载体。不同类别的藏品因其不同时期的背景而具有自身的特点,将其作为数字文化创意界面和视觉设计开发的文化元素,其充足多样的馆藏资源可为文化创意产品的设计提供客观条件。但在文物信息的内容提取方面,要以尊重历史事实为第一要点。

河北博物院的地域文化具有动态文化特征,具有一定的提取意义。河北有燕赵文化、京津冀文化,都是经过一定时间的累积才形成的独特文化,是文化处于特定地理条件下与环境相互

表6-1 博物馆数字文化创意设计功能对比分析

| 功能 | 体验功能 | | | 教育功能 | | | | 传播功能 | | | 娱乐功能 | | | 其他特色 | | |
|---|---|---|---|---|---|---|---|---|---|---|---|---|---|---|---|---|
| 产品 | 参观攻略 | 虚拟导航 | 语音解说 | 藏品鉴赏 | 藏品结构 | 详细资料 | 专题展示 | 优美文章 | 互动分享 | 收藏 | 建筑故事 | 趣味答题 | 游戏娱乐 | 文化创意定制 | 壁纸 | 日历 |
| 上海博物馆 | ✓ | ✓ | ✓ | ✓ | ✓ | ✓ |  |  | ✓ | ✓ |  |  |  |  | ✓ |  |
| 每日故宫 | ✓ |  |  | ✓ |  |  | ✓ |  | ✓ | ✓ |  |  |  |  | ✓ | ✓ |
| 紫禁城600 | ✓ |  |  |  |  | ✓ | ✓ |  |  | ✓ | ✓ | ✓ |  | ✓ |  |  |
| 中华珍宝馆 |  |  |  | ✓ | ✓ | ✓ |  |  |  | ✓ |  |  |  |  | ✓ |  |
| 故宫展览 | ✓ |  |  |  |  |  |  |  |  |  |  |  |  |  |  |  |
| 首都博物馆 |  |  | ✓ | ✓ |  | ✓ |  |  |  |  |  |  | ✓ |  |  |  |

融合的产物。河北博物院和河北地区的地域文化之间有着必然的关联,从某一角度来说,展现了该地域在一定时间段内的历史进程。一般来说,动态文化的转换(图6-33)对文化内涵的展示和教育内容的传达十分重要。

3. 设计定位

当下,数字文化创意用户在使用文化创意产品的时候,都想要零距离、完整、细致入微的过程体验,也希望文化生产过程是平易近人的、有趣的、温暖的。河北博物院数字文化创意根据审美品位和生活需求,结合文化教育和趣味体验,遵循博物院数字文化创意产品适用性、情境性、象征性、创意性、趣味性的设计原则,选取市面上的同类数字文化创意产品来汲取经验和开发优劣势,并采用开发数字文化创意app的思路,进行数字文化产品"探秘河博"的设计实践。

4. 创新设计

(1) 产品定义。

产品的两个部分分别是时间轴模式和代表文物推荐模式。其中,时间轴模式针对专家用户,通过历史时间轴的形式对文物进行梳理;代表文物推荐模式则针对不太熟悉文物的用户,使用文物和展览推荐的形式引导用户进一步了解文化内容。

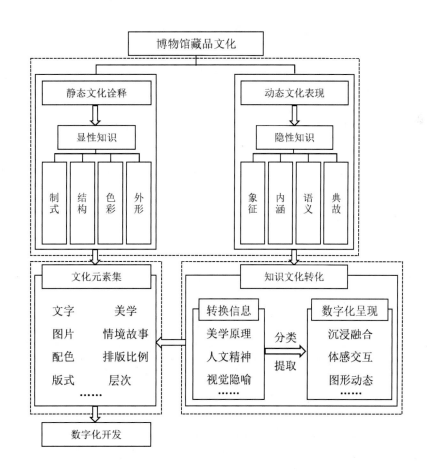

图6-33 博物馆藏品文化转换

产品的 4 个模块分别为"琳琅宝库""河博展览""趣味闯关"和"河博有礼"。其中,"琳琅宝库"是主要模块,提供动态图形展示和三维文物展示,辅以纹样信息和历史故事的语音解说,用户可以搜索、留言、收藏、分享、下载高清文物壁纸;"河博展览"为线上和线下用户提供不同的参与渠道,用户可以参观全景展厅、点赞展览、查看展览信息、加入心愿单、加入留言和讨论等;"趣味闯关"提供文博知识答题、历史知识趣味闯关和获得答题成就的寓教于乐的知识服务板块;"河博有礼"是提供文化创意购买消费的购物平台,用户可以自定义文化创意商品样式,满足个性化需求。

总体来说,该产品通过丰富的内容和互动性,为用户提供了便捷、生动、寓教于乐的文化体验。这种将动态文化转换为数字文化创意产品的过程使用互动设计方式,通过专业解说系统给用户呈现专业知识。图形动态化可使用三维建模技术将文物元素立体化呈现出来,增强真实感和空间感;引导式设计可加强用户对数字文化创意产品的参与感,以典型的文物元素作为抽象元素中的局部,搭配藏品样式或纹理提高文化代入感;塑造故事情境可以建立沉浸式的情境,包括明确交互目标、提供可识别标志和角色指引、实时反馈动态图形和效果,以及设置任务增强用户体验。

(2)功能架构设计。

产品功能架构设计主要分为主要层级和次要层级。其中,主要层级分为 5 个部分:首页部分"琳琅宝库"、发现部分"河博展览"、知识部分"趣味闯关"、商城部分"河博有礼"和个人部分"我的";次要层级则与 5 个主要层级依次对应,整理之后依据不同的功能形式进行下一界面的细分,如图 6-34 所示。

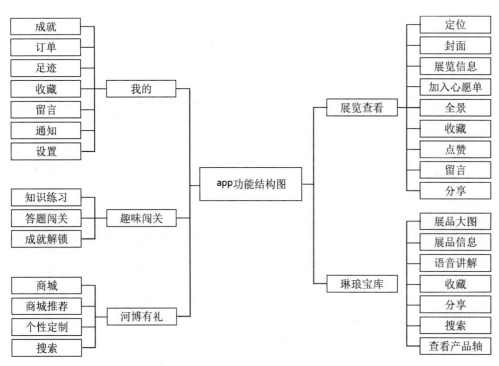

图 6-34 "探秘河博"数字文化创意 app 功能架构图

# 第 6 章　数字文化创意产品设计

（3）解构元素。

标志设计和导航图标设计：采用扁平图标的方式，选取具有代表性的中山古国文化元素，使用浅金色过度渐变的方式作为主色调，导航图标使用金色，如图 6-35、图 6-36 所示。

色彩提取：在颜色运用中，为了体现河北博物院的色彩特征，选取了藏品青铜器、石刻艺术、北朝壁画的色彩卡片，并从中提炼出传统且具有代表性的颜色。然后，以琉璃金作为主色调，让界面达到复古而不失去稳重的效果。这个颜色比传统的金色和黄色更加倾向年轻化，使大众更能接受，具有神秘的历史感，如图 6-37 所示。

图 6-35　标志设计

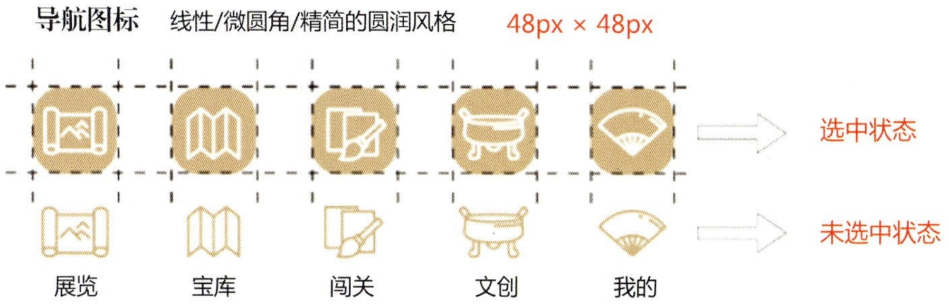

图 6-36　导航图标

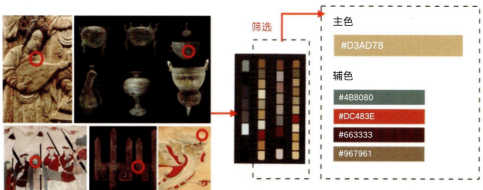

图 6-37　色彩提取

图标设计:选取河北博物院的代表文物作为产品内的图标设计元素,进行图形设计转换,如图 6-38、图 6-39 所示。

| 文物名称 | 文物 | 元素 | 图标 |
|---|---|---|---|
| 西汉羊尊铜灯 |  | 羊首、灯具 |  |
| 错金博山炉 |  | 山峦、虎豹、错金 |  |
| 透雕龙凤纹铜铺首 |  | 饕餮、凤鸟、蛇、龙 |  |
| 中山王厝铜方壶 |  | 利器、镂空云形、夔龙 |  |
| 铜朱雀衔环杯 |  | 朱雀、兽首、高足杯 |  |
| 错金银虎噬鹿屏风座 |  | 猛虎、狩猎、鹿 |  |
| 透雕双龙白玉璧 |  | 夔龙、玉璧 |  |
| 彩绘散乐浮雕 |  | 乐器、仕女、肤雕 |  |
| 长信宫灯 |  | 铜灯、宫女、鎏金 |  |
| 青花釉里红镂雕开光盖罐 |  | 缠枝牡丹、垂云纹 |  |

图 6-38 图形设计转换

第 6 章 数字文化创意产品设计 / 119

图 6-39 图标设计

（4）产品形态。

启动页面和登录页面：将设计的 LOGO 作为启动页面，用铜绿色的基底色加上青铜器上的铭文字样，简洁明了。登录页面上为登录，下为注册，方便用户进行选择，以山水画作为地图背景，所以起到文化暗示作用，如图 6-40 所示。

首页页面：首页页面将"琳琅宝库"作为启动的首页，设置轮播图，向用户随时推送河北博物院藏品信息，简单介绍藏品由来，吸引用户查看；使用大面积留白的方式，以增加用户视觉集中时间；时间轴功能则针对有目标的用户设置，方便其查看藏品信息，如图 6-41 所示。

"琳琅宝库"页面：该部分将"文物名称"放在页面显眼位置，字号设置放大，显示时间年代。"文物信息"展现专业的文物信息。"实用功能"有摄影美图、语音播报讲解和 VR 展示跳转。"藏品解说"用绘声绘色的语音讲解方式向用户介绍文物，其设计的细节体现在进度条上，设置"山形进度条"以增强用户文化代入感，如图 6-42 所示。

"河博展览"页面：该部分使用全屏导航的方式，向用户推荐展览，可产生视觉冲击力让用户快速获取信息；提供定位部分，针对线下看展用户提供定位和导览服务；切换展示功能可以查看全部展览信息，如图 6-43 所示。

将设计的LOGO作为启动页面,用铜绿色的基底色加上青铜器上的铭文字样,简洁明了。

上为登录,下为注册,方便用户进行选择,以山水画作为地图背景,起到文化暗示作用。

图 6-40　启动页面和登录页面

将琳琅宝库作为启动的首页

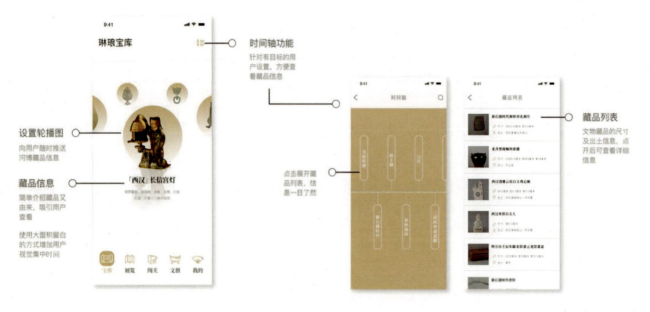

图 6-41　首页页面

图 6-42 "琳琅宝库"页面

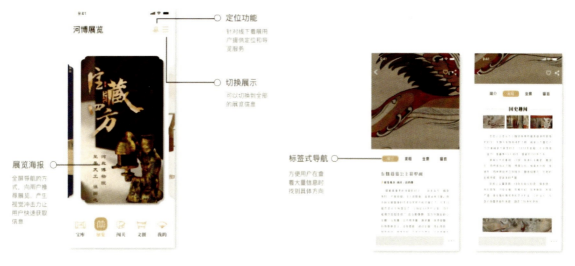

图 6-43 "河博展览"页面

"河博有礼"页面：该部分满足用户的个性化需求，可以提升用户的个性化体验，如图 6-44 所示。

"我的"页面：该部分设置使用标签导航设计形式，方便用户找到信息方向，如图 6-45 所示。

（5）整体设计。

整体设计完之后，其高保真页面展示如图 6-46 所示。

图 6-44 "河博有礼"页面

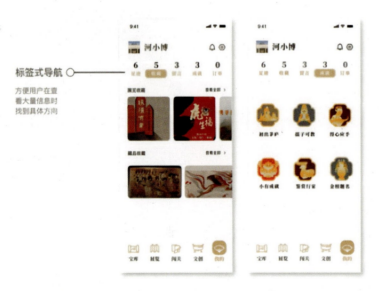

图 6-45 "我的"页面

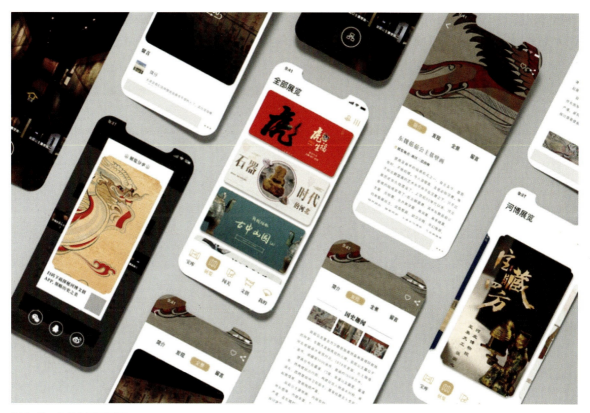

图 6-46 高保真页面展示

## 单元训练

1. 以非遗文化为切入点，系统练习完整的数字文化创意产品设计流程。

训练时间：1 课时。

训练方式：教师指导学生对非遗文化背景进行深入，引导学生整理、转化文化元素，筛选、提炼出设计切入点，进行非遗文化的数字文化创意产品设计。

训练提示：收集相关学习资料，进一步了解数字文化创意设计领域的发展趋势和前沿技术，提升自己的设计能力。

训练要求：

（1）注意非遗图案提取的可识别性，合理运用设计方法。

（2）明确数字文化创意产品的设计定位。

（3）学习前沿技术手段，实现设计构思。

训练目的：充分了解文化背景，提高设计能力，传承和弘扬非遗文化，展现文化的独特魅力。

2. 参照本章的设计案例，思考并设计一款与博物馆有关的数字文化创意产品。

训练时间：2 课时。

训练方式：教师讲解数字文化创意产品的设计方法与流程，指导学生学习数字文化创意设计技能。

训练提示：深入了解用户需求，着眼于用户体验，要求产品设计定位清晰，功能操作简洁明了。

训练要求：
(1) 采用合理的调研方法，明确用户需求。
(2) 依据用户需求建立产品功能架构。
(3) 学习数字创意设计技术，实现产品开发。

训练目的：综合运用技术和设计知识，实践数字文化创意设计，增强文化传播意识，提升文化创意能力。

### 课外拓展

(1) 完成线上精品课程"文化创意产品设计"的综合测试。
(2) 根据数字文化创意产品设计的特征和趋势，思考如何对传统非遗文化创意产品进行数字化设计改造。
(3) 调研航天、航海装备数字化设计的趋势，思考如何将中国优秀文化、使用习惯应用于航天智能产品设计开发中，并开展相关设计实践。

【第6章课辅资料】

# 参考文献

陈相宜. 兰溪竹编传统手工艺文化重塑研究[D]. 北京: 北京理工大学, 2015.

呈美文化设计. 关山月美术馆文创产品及包装设计[EB/OL].(2021-07-30)[2023-10-02]. https://www.zcool.com.cn/work/ZMzczNzEzODA=.html.

方楠. 基于迪士尼案例分析的大连海岛旅游动漫文化创意产品开发研究[D]. 长春: 吉林艺术学院, 2017.

蒋文静. 汉画中的巴蜀饮食文化研究[J]. 今古文化创意, 2023 (05): 64-66.

李丹. 南丰古城文化挖掘与数字化系统建设[D]. 南昌: 江西师范大学, 2021.

南依汝, 金晨怡. 台州刺绣技艺的应用与创新[J]. 西部皮革, 2022, 44 (04): 118-120.

商汤科技SenseTime[EB/OL].(2022-06-24)[2023-10-02].https://weibo.com/5477684004/Lzf9GwqxR.

孙学伟. 非物质文化遗产北京绢人"唐人坊"品牌视觉形象研究与设计[D]. 北京: 北京理工大学, 2017.

王安琪. 基于用户体验的博物馆数字文创设计研究: 以"探秘河博"为例[D]. 秦皇岛: 燕山大学, 2022.

我才是真阿智. 创意火柴——草原风情[EB/OL].(2014-05-14)[2023-10-04].https://www.zcool.com.cn/work/ZNDcxMzk2.html?switchPage=on.

吴凤玲. 非物质文化遗产创造性转化创新性发展的路径思考: 以岫岩皮影戏为例[J]. 宗教信仰与民族文化, 2021 (02): 216-229.

厦门华物设计. "彝魂"——基于AR技术的彝族文化创意设计产品[EB/OL].(2019-06-30)[2023-10-04].https://www.zcool.com.cn/work/ZMzcxNTYxNjA=.html.

徐文文. 青铜文化考——青铜冶炼铸造工艺之探源[D]. 武汉: 武汉理工大学, 2005.

颜佩珊. 河北省涉县旱作梯田传统农业文化挖掘与保护传承[D]. 南京: 南京农业大学, 2018.

杨慧子. 非物质文化遗产与文化创意产品设计[D]. 北京: 中国艺术研究院, 2017.

殷华叶, 滕晓铂. 从传统中走来的新兔儿爷: 吉兔坊的探索与实践[J]. 民艺, 2018 (A1): 138-144.

余舒. 彝族结婚仪式的文化观念研究——以贵州省威宁县斗木村为例[J]. 凯里学院学报, 2017, 35 (04): 25-28.

张翀. 文化创意产品的数字化形态探究[J]. 文化产业, 2022 (16): 128-130.

赵彩雯, 朱吉勇. 呼伦贝尔地区建筑文化遗产"木刻楞"的美学分析[J]. 天津美术学院学报, 2021 (03): 82-85.

Cynthia 漪旎.《宋小兵传》文创产品设计[EB/OL]. (2018-08-13)[2023-10-04]. https://www.zcool.com.cn/work/ZMjk1ODY3MTI=.html.

WUPENG_DESIGN. 只此青绿——香薰加湿器[EB/OL]. (2022-07-07)[2023-10-02]. https://www.zcool.com.cn/work/ZNjA3OTMwOTY=.html.